Die Not der Zeit hat die meisten deutschen Sammlungen von staats- und sozialwissenschaftlichen Abhandlungen zum Erliegen gebracht. Den Fachzeitschriften fehlt der Raum für größere Untersuchungen. In der Erkenntnis, daß nur eine Zusammenfassung der Kräfte Abhilfe schaffen könne, haben deshalb die sozialwissenschaftlichen Forscher Deutschlands die Herausgabe einer gemeinschaftlichen Sammlung beschlossen und eine Arbeitsgemeinschaft begründet, welche die sorgfältige Auslese der zu veröffentlichenden Abhandlungen sicherstellt. In dankenswerter Weise hat der Verlag Walter de Gruyter & Co. auf jeden Gewinn aus den „Sozialwissenschaftlichen Forschungen" verzichtet und leistet die Notgemeinschaft der deutschen Wissenschaft Zuschüsse zu den Herstellungskosten.

Mit wenigen Ausnahmen sind alle Lehrer der Staats- und Sozialwissenschaften an den deutschen Universitäten, landwirtschaftlichen, technischen und Handelshochschulen und eine Anzahl Privatgelehrter der Arbeitsgemeinschaft beigetreten. Sie gliedert sich ebenso wie die „Sozialwissenschaftlichen Forschungen" bis auf weiteres in 5 Abteilungen. Der von den Fachgenossen gewählte Abteilungsvorsteher oder sein Stellvertreter entscheidet über die Annahme der eingereichten Arbeiten und trägt die Verantwortung als Herausgeber. Die Abteilungen und ihre Vorsteher sind die folgenden:

I. Allgemeine Nationalökonomie (mit Einschluß des Bevölkerungswesens), Soziologie, allgemeine Sozialpolitik, allgemeine Probleme der Statistik, der Wirtschaftsgeschichte und -geographie.

Professor **Diehl**-Freiburg,
„ **Alfred Weber**-Heidelberg,
„ **v. Zwiedineck-Südenhorst**-München.

II. Agrar- und Siedlungswesen (auch Forstwesen, Jagd, Fischerei) mit Einschluß der nationalökonomischen Probleme der landwirtschaftlichen Betriebslehre.

Professor **Sering**-Berlin,
„ **Gerlach**-Königsberg,
Dr. **Keup**-Berlin.

III. Gewerbe (Bergbau, Industrie, Handwerk) mit Einschluß der gewerblichen Sozialpolitik.

Professor **Herkner**-Berlin,
„ **Adolf Weber**-München,
„ **Heyde**-Berlin und Rostock.

IV. Handel und Verkehr, Bank- und Börsenwesen, Versicherungswesen, auswärtige Wirtschaftspolitik.

Professor **Eckert**-Köln,
„ **Prion**-Köln,
„ **Erwin v. Beckerath**-Kiel.

V. Finanzwissenschaft.

Professor **v. Eheberg**-Erlangen,
„ **Terhalle**-Hamburg.
Landesfinanzamtspräsident **Dr. Schwarz**-Magdeburg.

Berlin und Breslau im Oktober 1922.

Das Präsidium der sozialwissenschaftlichen Arbeitsgemeinschaft

Sering. Herkner. Hesse.

Sozialwissenschaftliche Forschungen

Herausgegeben mit Unterstützung der Notgemeinschaft der deutschen Wissenschaft von der

Sozialwissenschaftlichen Arbeitsgemeinschaft

Abteilung IV — Heft 4

Berlin und Leipzig 1927

Walter de Gruyter & Co.

vormals G. J. Göschen'sche Verlagshandlung — J. Guttentag, Verlagsbuchhandlung
Georg Reimer — Karl J. Trübner — Veit & Comp.

Die Stellung der drei grossen Dominien im Britischen Reich nach dem Kriege

Unter besonderer Berücksichtigung der Wirtschaftspolitik ihrer Ministerpräsidenten

Von

Dr. Willy Neuling

Berlin und Leipzig 1927

Walter de Gruyter & Co.

vormals G. J. Göschen'sche Verlagshandlung — J. Guttentag, Verlagsbuchhandlung
Georg Reimer — Karl J. Trübner — Veit & Comp.

Angenommen auf Antrag von Professor Dr. Plaut-Hamburg und Professor Dr. Zimmermann-Hamburg durch den Abteilungsvorsteher Geheimrat Professor Dr. Eckert-Köln

GUTACHTER: Herr Prof. Dr. Th. Plaut

Die Arbeit entstand aus einer Anregung von Herrn Prof. Dr.
TH. PLAUT,
dem ich für vielfache Förderung und Unterstützung zu großem Dank verpflichtet bin. Ebenfalls möchte ich Herrn Professor
P. N. BAKER-LONDON
an dieser Stelle für die zahlr. Anregungen und die liebenswürdige Hilfe während meines Londoner Aufenthalts bestens danken

Vorwort.

Diese Arbeit wurde bereits im Spätsommer 1925 abgeschlossen. Da der Druck sich erst jetzt ermöglichen ließ, so schien es bei dem vorliegenden, Gegenwartsinteresse beanspruchenden Stoff erwünscht, die wesentlichsten Ereignisse der Zwischenzeit in einem kurzen Nachtrag hinzuzufügen.

Diese Ergänzung wurde fast zur Notwendigkeit durch die Ergebnisse der britischen Reichskonferenz vom Herbst 1926, die einen formellen Abschluß der bisherigen Entwicklung und die Ausarbeitung einer gemeinsamen Plattform für die selbstregierenden Glieder des Imperiums bedeuten.

Zugleich wurden diese Ereignise aber auch zum Prüfstein der hier vertretenen Thesen. Sie fanden ihre volle Bestätigung. Die seit 1923 immer deutlicher sichtbar werdende Neugestaltung des Reiches auf der Grundlage machtpolitischer Einheit bei weitgehendster Selbständigkeit der Teile ist ungebrochen durchgeführt, und einzig die Tatsache ihrer programmatischen Festlegung ließ erstaunen.

So konnte auch diese Schrift, die den Versuch macht, die einzelnen wirkenden Kräfte in den großen Dominien aufzuzeigen, ohne Änderungen bestehen bleiben. —

Inzwischen ist eine größere Anzahl Veröffentlichungen über das hier behandelte Thema oder einzelne Teilgebiete erschienen. Auf die wichtigsten ist im Nachtrag ebenfalls kurz hingewiesen.

Januar 1927.

Neuling.

Inhalt.

Inhaltsübersicht.

Ereignisse:

England hat seit Kriegsende (mit Unterbrechung während 1924: Macdonald) eine konservative Regierung. Sie versucht, die Reichsbande durch Förderung der Wirtschaftsbeziehungen zu stärken und die formelle Einheit unter Londoner Führung aufrechtzuerhalten.

Doch die Gegenkräfte im Lande (Freihandel und liberale Ideen) sind groß, und auch die Dominien sind jetzt „liberal" eingestellt, d. h. sie verlangen volle Handlungsfreiheit wirtschaftlich in starkem, politisch z. T. in abgeschwächtem Maße.

In Kanada kommen Januar 1922 die „Liberalen" zur Macht, die wirtschaftlich wie politisch volle Autonomie erstreben, obwohl sie aus nationalen Gründen die Verbindung mit dem Mutterland nicht aufzugeben gedenken.

Auf die vorsichtige Vorarbeit (seit 1917/18) der kanadischen Konservativen gestützt, suchen sie auf der Konferenz 1923 die grundsätzliche Autonomie aller Reichsteile zu erreichen, sind aber nur teilweise erfolgreich.

Doch in den konkreten Wirtschaftsmaßnahmen (Landwirtschaftsförderung, Industrieschutz, Schiffahrtspolitik, Wanderung und Siedlung usw.) handelt Kanada vor wie nach der Konferenz autonom. Zwar entziehen auch die Liberalen sich nicht gewissen Rücksichten auf das Mutterland (Preference), aber die Unabhängigkeit der Wirtschaft ist gesichert.

Formell hoffen sie in wiederholten Angriffen (Oktober 1921, März 1923, März 1924) die völkerrechtliche Selbständigkeit des Dominions (innerhalb des Reichs) zu erzwingen, erreichen sie aber (zusammen mit Smuts und Hughes) nur für den Völkerbund, während im übrigen die Autonomie materiell fast vollständig, formell nur beschränkt erzielt wird.

Australien, während der Kriegsjahre unter Hughes im imperialen Sinn geleitet, besitzt seit 1921 eine Koalitionsregierung von Industriellen und Farmern, die zur Zusammenarbeit mit dem Mutterlande bereit sind, dafür aber entsprechende Gegengaben fordern.

Auf der Konferenz 1923 werden vergeblich Absatzbevorzugungen in England erstrebt, trotz des Mißerfolgs aber die Pläne der englischen Konservativen im Zolltarif (schon 1920), in Wanderung und Siedlung (gegen Anleihevergünstigungen) und in Verteidigung unterstützt. Doch das eigene Interesse (Bevölkerungsvermehrung, Sicherheit) ist hier ausschlaggebend, und ebenso bedingen bei Schifffahrtspolitik, Landwirtschaftsförderung, Industrieschutz die nationalen Machtverhältnisse die Maßnahmen der Regierung. Die materielle wirtschaftliche Unabhängigkeit wirkt sich voll aus, und nur in der starken Zollbevorzugung an England zeigt sich noch ein bedeutsamer handels- und finanzpolitischer Einfluß des Mutterlandes.

Verfassungsrechtlich führt nach anfänglichem Betonen der allzu plötzlich erreichten Selbständigkeit die sachliche Zweckmäßigkeit zur Forderung, die Neuordnung des Reichs im Föderalismus zu suchen. So werden Hughes wie Bruce Verbündete der englischen Konservativen gegen Kanada und Südafrika, doch sie widersetzen sich allen zentralistischen Plänen und sehen schließlich in Konferenzen, „panel"-System und Aufrechterhaltung der formellen Einheit (dazu Bruces Vorschlag von Reichsgesandten 1925) die Mittel, alle Glieder des Reichs zu verbinden, ohne Australien stärker als bisher zu verpflichten.

In Südafrika kämpft eine englandfreundliche Sammelpartei gegen das schon vor und in dem Kriege wachsende, seitdem sich beträchtlich verstärkende republikanisch-nationale Streben der Buren-Afrikander. Dabei immer mehr zu den englischen Kreisen hingedrängt, unterliegt sie im Juni 1924 den Nationalisten (und Arbeitern).

Smuts, der ideelle Führer, will das Reich zu einem Völkerbund gleichberechtigter, zusammenwirkender Nationen machen, — aber auf der Konferenz von 1923, in den konkreten Wirtschaftsmaßnahmen des Industrieschutzes, der Landwirtschaftsförderung, bei Wanderung und Siedlung sind ihm nationale Interessen und nationale Ideen (wie er sie sieht) entscheidend.

Die geistige Gemeinschaft soll die Zukunft des Reichs sichern, die Verfassung Einheit und Freiheit verbinden. Schon in den übertriebenen Ansprüchen von 1920 erscheint der „Runde Tisch" gemeinsamer Beratungen ohne bindende Kraft als das Ideal, doch die konkreten Streitfragen (Inder in Südafrika, 1923) zeigen seine Grenzen und Mängel.

Die neue Regierung (Hertzog) stellt ihr Verhältnis zum Reich auf Zweckmäßigkeit, ändert jedoch nur Wirtschaftsmaßnahmen ihren Interessen und Ideen entsprechend ab (Industrieschutz, „colour-bar"-Bill), ohne vorerst den politischen Zustand anzugreifen.

Ergebnisse:

Durch den Krieg sind die Industrieinteressen der drei großen Dominien plötzlich zu bedeutenden nationalen Faktoren geworden. Diese Stärkung innerer Wechselbeziehungen gegenüber den äußeren, dazu die Kriegsbeteiligung und ihre Folgen machen die wirtschaftspolitische Selbständigkeit Kanadas, Australiens und Südafrikas voll wirksam. (Für Kanada setzte diese Entwicklung zum großen Teil schon beträchtlich vor dem Kriege ein.) Staatsschulden, Überkapitalisation, Absatzschwierigkeiten, nationaler Wille führen zu Absperrungen, künstlichen Maßnahmen, nationalistischer (merkantilistischer) Wirtschaftspolitik.

Die konservative Partei Englands versucht die Tatsache dieser vollendeten wirtschaftspolitischen Autonomie, ihre wirtschaftlichen und politischen Folgen und Gefahren (Verlust von Märkten und von Einfluß) durch Förderung der Reichswirtschaftsbeziehungen zu überwinden. Doch die Möglichkeiten dafür sind zu klein (englischer Freihandel — Abwehr englischer Konkurrenz in den Dominien) und — weit stärker — der Weg bietet weder eine Gewähr für das fernere Überwiegen der Reichsbeziehungen noch für die Festigung und Sicherung der politischen Reichsbande.

Der Versuch scheitert am Widerstand des eigenen Landes und der Dominien, die keine Opfer bringen wollen und Beschränkungen ihrer Rechte fürchten. (Notwendigkeit einer Zentralgewalt.)

Die Anerkennung der Verschiedenheit der Interessen der einzelnen Reichsteile ist endgültig erreicht, die Zeit Chamberlainscher Pläne (Reichszollverein) längst vorbei, und das schwache Ergebnis konservativer Bemühungen bleibt materiell wie ideell nur noch als unterstützender Faktor von Bedeutung. (Ebenso die autonomen Bevorzugungen der Dominien an das Mutterland.) Die wirtschaftspolitischen Maßnahmen sind jetzt ganz überwiegend innenpolitisch bedingt.

Der politische Neubau des in London zentralisierten Britischen Reichs der Vorkriegszeit folgt dieser Entwicklung. Statt des Bundesstaates entsteht nach den Überschwenglichkeiten des Kriegsendes über die „backward-drift" (seit 1921) mit ihren zahlreichen Kämpfen um 1924 ein Gebilde, das die notwendige Einheit mit der Freiheit der Glieder vereint.

Für Zwecke des Völkerbundes ist das Imperium jetzt (seit 1920) „Bundesstaat" und „Staatenbund" nebeneinander, im übrigen ein Mittelding zwischen beiden, das je nach Erfordernis Einheit und Selbständigkeit hervorzukehren gestattet.

Nach den Machtverhältnissen des Augenblicks nähert es sich mehr dem „Staatenbund“, doch seine verfassungsrechtliche Grundlage basiert weiterhin auf der ausgeglichenen Konstruktion der konstitutionellen Monarchie Großbritanniens. Denn auch zwischen Mutterland und Dominien stehen sich jetzt Parlament (des Dominions) und Regierung (König und Kabinett zu Westminster bzw. in der Dominienhauptstadt) gleichwertig gegenüber. (Wobei die Interessenten den ihnen günstigen Faktor stets stärker betonen.)

Diese Beziehungen scheinen allzu locker, und hier liegt auch die Aufgabe: Die Festigung der Reichsbande ist nicht mehr ein wirtschaftspolitisches, sondern ein kultur- und machtpolitisches Problem. *Der Nationalismus der großen Dominien muß in die Reichsidee hinübergeleitet werden.*

Doch die bestehenden wirtschaftlichen Verflechtungen unterstützen die Bemühungen, der Krieg hat die Einheit des Reiches gestärkt, die nationale Selbstbehauptung Kanadas, die Verteidigung Australiens, selbst das geeinte Südafrika beruhen auf der Macht des Imperiums, und über die realen Vorteile hinaus ist das Reichsgefühl, auf das Überwiegen der angelsächsischen Rasse und die Werbekraft ihrer Ideen aufbauend, jetzt ein festes ideelles und politisches Band.

Der politische Gesamtaufbau der drei Dominien, Wesen und Stärke ihrer Parteien geben die Bestätigung, daß die Gegenströmungen nach Umfang oder Inhalt zu schwach sind, um den Reichswillen erfolgreich zu gefährden.

Und mögen die wirtschaftlichen Beziehungen fortführen vom Reich, — die nichtwirtschaftlichen Kräfte sind so stark, daß sie Zusammenhalt und Einheit Großbritanniens und der großen Dominien gewährleisten.

Die Aufgabe.

Die Jahre seit dem 1. August 1914 erzwangen Entwicklungen, die erst in Jahrzehnten heranreifen sollten. Australien und Südafrika, die mit Woll- und Golderzeugung aufs stärkste in die Weltwirtschaft verflochten sind, werden durch die Unterbrechung der internationalen Arbeitsteilung plötzlich zur Eigenversorgung gedrängt. Zusammen mit Kanada, das schon vor dem Kriege trotz Weltverbundenheit durch Holz und Weizen zu einem Wirtschaftskörper voll innerer Beziehungen (Industrie!) geworden war, haben die beiden Dominien jetzt neue, eigenwillige Interessen: Nationaler Wille und Überkapitalisation verlangen Aufrechterhaltung der oft allzu künstlichen Neuschöpfungen.

Darüber hinaus erstrebt man im Lande noch die weitere Förderung heimischer Wirtschaftsmöglichkeiten (auch gegen die Interessen des Reichs, wie England sie sieht), die weltwirtschaftliche Verflechtung hat sich geändert, und alle diese Kräfte sind so stark geworden, daß sie nicht mehr übergangen oder vernachlässigt werden können[1]. Damit hat sich jedoch die Grundlage der Beziehungen zwischen Großbritannien und den großen Dominien endgültig gewandelt: Was vor dem Kriege noch weitgehend Tendenz war, ist jetzt fast ganz Wirklichkeit, und die Neuordnung des Imperiums wird zur dringenden Aufgabe.

Denn die Dominien fühlen sich nun als gleichberechtigte Glieder des Reichs. Vielleicht stimmen ihre Interessen mit denen des Mutterlandes teilweise überein, aber sie sind nicht mehr gewillt, sich wirtschaftlich oder politisch den englischen Zielen unterzuordnen[2].

---

[1] Zur Tendenz im allgemeinen siehe Lewin und Knowles.

[2] Das gilt für Kanada samt Folgen (Ablehnung eines Reichsparlaments) z. T. schon vor dem Krieg. Siehe Vagts, 219. Über die Bedeutung der Kriegslasten für diese Entwicklung und die Ansprüche der Dominien siehe Hall, 157 f. Das neue Verhältnis bei Dibelius, 201, so skizziert: Das Reich ist jetzt ein „Imperium, dessen Zentrum sich mit einem Kranz von wesentlich gleichartigen Tochterstaaten umgeben hat."

Doch die konservative Partei Englands, seit 1922 an der Regierung[3]), erstrebt weiterhin ihr traditionelles Programm: Chamberlain und den Leuten des „Round-Table"-Kreises getreu, deren Führer Curtis Vorkämpfer der neuen, förderalistischen Richtung gegenüber der alten, starren Schule der Zentralisten (Reichsparlament!) ist, will sie das Imperium in einer großzügigen Reichswirtschaftspolitik zusammenfassen. Von einheitlicher Verteidigungs- und auswärtiger Politik ergänzt, sollen Zollbevorzugungen aller Reichsteile untereinander, Pflege und Begünstigung aller gegenseitigen Wirtschaftsbeziehungen durch Handelserleichterungen ebenso wie durch Anleihe- und Steuerbevorzugung, sollen Zusammenarbeit und Austausch in Technik und Wissenschaft wie gemeinsame Regelung von Wanderung und Siedlung die Teile des Reiches zu einer mächtigen Einheit verbinden. Der Grundgedanke des Ganzen ist Organisation und die notwendige Krönung Zentralisation![4])

Die Liberalen, Imperialisten in einem anderen Sinn, wollen das Problem des Reichs durch Freiheit und Duldsamkeit lösen. Wirtschaftlich wie politisch soll kein künstlicher Zwang die günstigste Entwicklung aller Teile hemmen; in natürlichem Widerstreit und Ausgleich der Interessen sehen sie die beste Gewähr für Macht und Wohlfahrt des Commonwealth. Die notwendige Dezentralisation und Selbständigkeit der Glieder scheint ihnen keine Gefahr. Handel, Schiffahrt, Nachrichtenwesen sind willkommene Hilfsmittel für die Einheit; weit höher aber als die organisatorischen Kräfte werten sie die moralischen. Nicht nur Rasse und Gefühl, sondern ebenso Friede und Ordnung, Recht und Gesetz, die das Reich seinen Teilen bringt, sie werden den Willen zum Reich (und die Wirtschaftsbevorzugung für das Reich) bringen und sichern[5]).

Die liberale Partei scheint nach dem Kriege geschlagen und aufgerieben. Aber die Arbeiter-Abgeordneten vertreten ähnliche Forderungen, und die Mehrheit des englischen Volkes blieb freihändlerisch. Damit ist den konservativen Gegnern die Verwirklichung des Reichszollvereinsgedankens

---

[3]) Nachdem bereits seit Kriegsende das Kabinett Lloyd George immer mehr unter konservativen Einfluß geriet, folgte im Oktober 1922 Bonar Law und im Mai 1923 Baldwin.

[4]) Das konservative Programm in Curtis und Round Table (Z. B. gut No. 52 — Sept. 23), abgeschwächt Mac Innes. (Z. T. liberale Gedankengänge.) Sehe auch die Summe der Entschließungen in Cmd. 2009.

[5]) Die liberalen Ideen ausführlich in Knowles, bes. 42 ff. und 108 ff., auch bei Marcks, 28 ff. (Lord Rosebery).

weiter unmöglich gemacht; in einem entscheidenden Punkt wird ihr „konstruktiver Imperialismus" geschwächt [6]).

Und die großen Dominien, die bereits vor dem Kriege wirtschaftliche Rechte errangen und dauernd erweiterten [7]), die seitdem in konkreten Maßnahmen die Neuordnung der Reichsbeziehungen in ihrem Sinn zu erreichen suchen [8]), sie nehmen jetzt die liberalen Ideen auf, das heißt, sie benutzen sie als Mittel ihrer praktischen Politik!

Und mag auch Australien daneben konservativen Forderungen sich nähern, — als die englischen Tories vom 2. Oktober bis 9. November 1923 in der Reichs- und Reichswirtschaftskonferenz zu London den größten Versuch machen, die Lösung des Reichsproblems in der zentralen Reichsgewalt zu finden, da ist die Autonomie im Empire zum mindesten auf wirtschaftlichem Gebiet fast vollendet.

* * *

In der Frage nach den entscheidenden Kräften, die auf die Gestaltung der Reichsbeziehungen Kanadas, Australiens, Südafrikas einwirken, liegt das Problem.

Mögen die wahren Motive verborgen bleiben, — das Ergebnis des Kampfes wird nach außen sichtbar! Es findet in den wirtschaftspolitischen Maßnahmen der Regierungen seinen festbestimmten Niederschlag, es erscheint in der Gestaltung der verfassungsrechtlichen Formen als Ausdruck der machtpolitischen Verhältnisse, es wird in der Betonung oder Ablehnung der Reichsidee als kulturpolitischer Faktor deutlich. Von diesen Tatsachen muß der Versuch ausgehen, die Kräfte zu skizzieren, die entscheidend sind für die Stellung der großen Dominien im Britischen Reich.

In dieser Arbeit treten die Wirtschaftsbeziehungen in den Vordergrund, während die Macht- und Kulturprobleme, obwohl sie die notwendige Ergänzung bilden, nur angedeutet werden können.

Sind nun die „Faktoren erster Ordnung" nur im Dominion oder auch außerhalb zu suchen? Auf einem Weg,

---

[6]) Wie schon Bonar Law, Januar 1913, so auch Baldwin 1923: Reichsbevorzugung ohne Nahrungsmittelzölle sei jetzt das Programm der konservativen Partei. Klüver, 2 und 163 ff.

[7]) Kanada erklärte schon 1859 als sein konstitutionelles Recht, seine eigenen Tarife festzusetzen, die australischen Kolonien gegen 1900, die Einwanderung zu kontrollieren. Hall, 228.

[8]) Siehe z. B. auch die Schaffung von Zentralnotenbanken in Südafrika und Australien nach dem Kriege (Kanada besaß bereits vor 1914 ein festgefügtes Bank- und Währungssystem), Journal II, 196 — Jan. 21; Journal V, 820 — Okt. 24.

der zwar logisch angreifbar ist, aber dennoch der bestmögliche bleibt, ergibt sich: Ganz überwiegend können auf wirtschaftlichem Gebiet die Einwirkungen Englands oder anderer Staaten als hinreichend klein vernachlässigt werden, — nur bei Australien mag dies z. T. zweifelhaft erscheinen — auf macht- und kulturpolitischem Gebiet jedoch nicht. Denn die Wirtschaftsmaßnahmen lassen sich aus den inneren Verhältnissen des Dominions allein überzeugend genug ableiten, während in Verfassungsfragen und ideellen Beziehungen das Mutterland seinen Einfluß wirksam einsetzt!

Welche Bedeutung hat nun diese Verteilung der Kräfte? Streben sie dahin, die Einheit des Reichs zu lockern oder zu festigen, oder entstand im Kampf um die Autonomie vielleicht ein Neubau, der die Wirtschaftsmaßnahmen und -beziehungen der Teile nebensächlich für den Zusammenhalt Großbritanniens und der großen Dominien werden läßt?

Die Arbeit sucht diese Frage zu beantworten. Um Wiederholungen zu vermeiden, deutet sie in einer Skizze nicht nur die Zusammenhänge zwischen den herrschenden Kräften des Dominions, ihren Wirtschaftsmaßnahmen und der Umbildung des Reiches an, sondern streift zugleich die allgemeinen Grundlagen und die Gesamtheit der wirkenden Kräfte, Strömungen und Tendenzen, deren Art und Machtverhältnis Schlüsse auf die zukünftige Entwicklung zulassen. In den Verfassungskämpfen werden Weg und Ergebnis der Neuordnung sichtbar.

Noch ist sie nicht beendet, doch ihre Umrisse treten schon klar genug heraus, um den Versuch einer Theorie zu rechtfertigen.

„We like better to paddle ow own canoe."

Kanada.

Land und Volk.

Seiner Majestät ältestes Dominion Kanada gliedert sich von Ost nach West in fünf Hauptgebiete:

Die drei „Seeprovinzen" — Prince Edward-Island, Neuschottland und Neubraunschweig — finden für die Erzeugnisse ihrer Landwirtschaft und des Fischfangs, für Holz und Kohle in den Neu-England-Staaten Maine bis New York ihre Hauptabnehmer. Die Häfen Halifax und St. John treten während der Wintermonate in scharfe Konkurrenz mit Portland und Boston um die Vermittlerstellung nach Montreal und von dort in den Westen.

Auch im altbesiedelten Quebec zu beiden Seiten des St. Lorenz sind Ackerbau und Viehzucht bedeutend, doch Montreal am Endpunkt der Seeschiffahrt (800 000 Einwohner) gibt dem Handel einen starken Einfluß, und zahlreiche Industrien — neben Textilien und Papier die meisten Gegenstände des unmittelbaren Bedarfs — werden in ihrem Umfang nur von Ontario übertroffen. Außer Asbest aber fehlen Mineralien.

Durch Stromschnellen des oberen St. Lorenz und die Niagarafälle vom Osten getrennt, liegt Ontario nördlich der Großen Seen. Landwirtschaftsprovinz und Industriezentrum zugleich, liefert es 29 % der landwirtschaftlichen Erzeugnisse des Dominions (1923), neben Getreide ebenso Meiereiprodukte wie Obst und Gemüse. Ein Drittel alles kanadischen Holzes wird in seinen Wäldern geschlagen. Das Minengebiet des Südostens fördert Gold in Porcupine, Nickel in Sudbury, Kupfer, Kobalt und Silber. Eisen, dessen Gewinnung mit allen Mitteln begünstigt wurde, bildet die eine Grundlage der Industrieentwicklung, Wasserkräfte die andere. Kohle dagegen müssen die Vereinigten Staaten liefern. Eisen- und Stahlwaren, elektrische Artikel und landwirtschaftliche Geräte, Waggons und Automobile, Pianos und Papier, Mehl und Möbel erzeugt die Provinz. Vielfache Arbeitsteilung und wirtschaftliche Verbundenheit mit dem Süden besteht über die Großen Seen hinüber von Buffalo und Detroit bis Chicago und Duluth.

Ein kaum besiedelter Seendistrikt zwischen dem Lake of the Woods und der Hudson-Bay schiebt sich ein, dann folgen die Prärieprovinzen Manitoba, Saskatchewan und Alberta, die natürliche Fortsetzung der amerikanischen Farmerstaaten. In Saskatchewan allein reift über die Hälfte alles kanadischen Weizens; kaum zwei Millionen Menschen schufen in den drei Provinzen die größte Kornkammer des Reiches. 43 % der landwirtschaftlichen Gesamterzeugung liefern sie 1923; neben Weizen treten Gerste und Hafer ebenso wie Milch- und Schlachtvieh. Darüber hinaus versorgt Manitoba den Süden mit Holz, Alberta mit Kohle. Wie in Ontario die industriellen, so wandern hier die landwirtschaftlichen Arbeiter je nach Bedarf und Konjunktur die Grenze hinüber und herüber[9]).

Durch den Kamm des Felsengebirges vom übrigen Dominion abgeschlossen, ist Britisch-Kolumbien überwiegend auf den Verkehr mit den Vereinigten Staaten angewiesen. Auf Wäldern, Minen und Fischereiindustrien ruht seine Wirtschaft. Holz, Zellulose und Papier, Blei, Zink, Kupfer und Kohle, Lachs und Hellbutt gehen südwärts[10]).

Tritt schon hier die Verbundenheit des Dominions und seiner Teile mit der Union hervor, so zeigen die Zahlen des zwischenstaatlichen Handelsverkehrs diese Verflechtungen noch deutlicher:

Es betrug 1924 (in Mill. kanadischer Dollar) der Anteil an der

	Ausfuhr aus Kanada	Einfuhr nach Kanada
Union	430,7 = 41,2 %	601,3 = 67,3 %
England	360,1 = 34,4 %	153,6 = 17,1 %
Imperium	76,4 = 7,3 %	41,8 = 4,7 %[11]).

Das Vereinigte Königreich erhält von der kanadischen Ausfuhr ganz überwiegend landwirtschaftliche Erzeugnisse, während die Hälfte seiner Einfuhr aus Webstoffen besteht[12]). Die U. S. A. dagegen empfangen:

nur 107,1 Mill. $ = 19 % von Erzeugnissen der Landwirtschaft (Zollschutz!)[13]), aber

---

[9]) Dieses der Hauptgrund des Fehlens einer Arbeiterpartei, obwohl etwa 25 % der Bevölkerung Arbeiter sind.

[10]) Abriß der Wirtschaftsverhältnisse usw. nach Canada Year Book 1924; Fleck, Hamilton, Hammann; Round Table 43 — Juni 21, 47 — Juni 22 57 — Dez. 24; Wirtschaftsdienst 6. und 13. Febr. 1925, sowie verschiedenen amtlichen und privaten (Canadian Pacific Railways) Druckschriften aus Wembley.

[11]) Canada Year Book 1924, 458 ff.

[12]) Vgl. die Wirkung der 10 % Mehrpreference usw. Anm. 68.

[13]) Vgl. die Wirkung des amerikanischen Zollschutzes, Anmerkung 63.

230,2 Mill. $	= 84 %	des Holz- und Papierexports und
61,2 Mill. $	= 66 %	der Ausfuhr von Bergwerksprodukten außer Eisen.

Sie liefern neben

74,8 Mill. $	= 43 %	der eingeführten Webstoffe,
152,2 Mill. $	= 88 %	der Eisen- und Stahlwaren (Maschinen),
171,9 Mill. $	= 86 %	aller sonstigen Metalle und Mineralien (bes. Kohle u. Petroleum), u.
52,6 Mill. $	= 71 %	aller and. Industrieprodukte [14]).

Ein Drittel der kanadischen Industrie ist unmittelbar amerikanisches Eigentum, und mittelbar kontrollieren die Vereinigten Staaten fast die ganze [15]).

Ein Strom von Zeitungen, Zeitschriften, Büchern dringt dazu vom Süden ein, die Sitten und Gewohnheiten gleichen sich aus, Verbände und Vereinigungen betrachten die Grenze als nicht vorhanden [16]).

Vielleicht wird nirgends wieder auf dem ganzen nordamerikanischen Kontinent die Berechtigung der Monroe-Doktrin so stark bewiesen wie hier.

* * *

Und doch ist Kanada nicht Teil der Vereinigten Staaten geworden, sondern selbstregierendes Dominion des Britischen Imperiums!

Eine jahrhundertealte Wanderungs- und Siedlungs-

---

[14]) Die Wirtschaftzahlen nach Canada Year Book 1924; Wirtschaftsdienst, 6. und 13. Februar 1925.

[15]) Die sehr unsicheren Angaben der Industriekapitalbeteiligung nach Wirtschaftsdienst, 13. Februar 1925. Schätzung der Anteile am Industriekapital durch C. P. R. und Wirtschaftsdienst, 25. Sept. 1925: Kanada 1 591 Mill. $ 68 %; U. S. A.: 848 Mill. $ 31 %; England: 285 Mill $ 10,3 %; sonst. 19 Mill $ 0,7 %. Ausländisches Kapital 1923 insgesamt: U. S. A.: 2 425 (2 500) Mill. $; England: 1 980 (2 750) Mill. $; Wirtschaftsdienst, 13. Februar 1925, bzw. Canada Year Book 1922/23, 80. Siehe auch folgende Emissionsstatistik: Untergebracht 1924 (bis 15. Dez.) in Kanada 344 896 281 $ U. S. A. 211 956 753 $, London 3 750 000 $, Vagts, 250, nach New York Times, 21. Dez. 24. Zum Wirtschaftseinfluß der Amerikaner in Kanada, seiner Art und Bedeutung siehe die in Anm. 10 genannte Literatur und Lewin, 281 ff., Journal III, 73 — Jan. 22 (Abhängigkeit der kanadischen von den amerikanischen Tarifverhältnissen), Round Table 43, 667 — Juni 21 (Lohngestaltung der kanadischen Eisenbahnen wie in U. S. A.), Round Table 52, 834 ff. — Sept. 23.

[16]) Ausführlich auch: „American influences in the Dominion“ in Round Table 43, 671 ff. — Juni 1921. Büchereinfuhr 1923: England: 522,056 $, U. S. A.: 1 841 154 $; Zeitungen und Zeitschriften: England: 25 767 $, U. S. A.: 1 950 556 $, Canada Year Book 1922/23, 523.

geschichte gibt die Erklärung. Beim Abfall der Neu-England-Staaten zogen die „Legitimisten" aus den Gebieten südlich des St. Lorenz in den freien Norden. Neubraunschweig, Neuschottland, Prince Edward-Island und Ontario werden von den königstreuen Altengländern und Schotten besiedelt. Mit den Franzosen Unterkanadas (wie damals Quebec hieß) zusammen — die in fast 250 Jahren von 60 000 auf 2½ Millionen anwachsen — stehen sie in Trotz und betonter Gegnerschaft gegen die neue Republik.

Aber auch die nach ihnen kamen, den „stars and stripes" nicht mehr feindselig, sie sind überwiegend Engländer. Den monarchischen Gedanken und den Stolz der Inselbewohner bringen sie mit sich und bewahren ihre Herkunft in Britisch-Kolumbia wie in Manitoba, Saskatchewan und Alberta.

Doch Entwicklung und Aufschwung der Prärieprovinzen führen in den goldenen Westen neue Elemente: Siedler aus germanischen und slavischen Ländern. Von Süden dringt der amerikanische Farmer ein, kein Bauer mehr, sondern Unternehmer, dem die Landschenkungen gesteigerten Gewinn versprechen. Jahre hindurch treibt er im jungfräulichen Boden Raubbau, dann veräußert er seinen Besitz wieder, um an neuer Stelle dies Verfahren zu wiederholen oder in die mildere, zivilisierte Union zurückzukehren [17]).

Aber die Mehrheit blieb britisch [18]), und so konnte der Wille der Führer diese Menschen und dieses Gebiet zu einem staatlichen Gebilde zusammenschließen, konnte die natürlichen Nord-Süd-Beziehungen in die nationale Ost-West-Verbindung umwandeln [19]).

Als Lord Selkirk die Prärien zu besiedeln beginnt, als das englische Parlament 1867 die Errichtungs- und Verfassungsurkunde des Dominions Kanada beschließt, als Lord Strathcona am 7. November 1885 den letzten Bolzen in den Schienenweg der Canadian Pacific Railway treibt, — da wird eine Entwicklung vorbereitet und gefördert,

---

[17]) Hierzu Literatur wie Anm. 10. Zum amerikanischen Wirtschaftstyp insbesondere Hammann, 7 ff. Klage, daß über 1¼ Mill. Fremde (bes. Slaven, Juden, auch Italiener, Nordeuropäer usw.), meist unassimiliert, in Kanada leben in Round Table 43, 659 ff. — Juni 1921.

[18]) Volkszählung 1921: Britischer Abstammung: 4 868 903 = 55,4 %; französ. Abstammung: 2 452 751 = 27,9 %; fremder Abstammung: 1 466 829 = 16,7 %; Round Table 58, 367 — März 1925.

[19]) Vagts, 215: „Vom Staat aus wird hier die Nation gebaut". Siehe auch Hamilton, 230.

die ihren mächtigsten Ausdruck in der Wahlniederlage Lauriers von 1911 fand und die selbst heute noch nicht abgeschlossen ist [20].

Parteien und Führer.

Aus dem traditionellen Gegenspiel von Liberalen und Konservativen, das noch vor 20 Jahren im mangelnden Zusammenhang der Teile des Dominions seine Berechtigung fand [21], wird seit dem Krieg überraschend schnell eine scharf unterschiedene Dreiheit der Parteien: Konservative, Liberale, Farmer.

Die Konservative Partei [22] ist die Vertreterin der industriellen Interessen, „angemessener Schutzzoll" (adequate protection) [23] ihre Hauptforderung. Zugleich aber umfaßt ihr Programm „festes Beharren auf der Verbindung mit England im vollen Vertrauen darauf, daß Kanada seine beste Entwicklung, den größten Nutzen und Einfluß als Mitglied des Britannischen Commonwealth mit der Stellung einer selbstregierenden Nation finden wird." Diese „Reichstreue" macht sie zum Sammelpunkt der Nachkommen der schottischen Tories und der „Legitimisten", führt ihr alle Briten zu, die das Imperium über das Dominion stellen [24].

---

[20]) Lord Selkirk: 1812—20. C. P. R.: Ohne sie „wäre der Mittelwesten ein kommerzielles Abhängigkeitsgebiet von Buffalo, Chicago und Minneapolis geworden, und wir können glauben, daß die Lage unsicher geworden wäre, ohne vielleicht so weit zu gehen und anzunehmen, daß politische Union der kommerziellen gefolgt wäre." Sifton: Making of Canada 1905, zitiert nach Hamilton, 162 Laurier: Vergleiche Fleck, 357. Und was Fleck, 366, in 1911 schrieb: „Das politische Selbständigkeitsgefühl in Kanada ist, wie seine ganze wirtschaftliche und politische Geschichte beweist, in hohem Grade ausgebildet. Zur Wahrung politischer Selbständigkeit ist aber Macht erforderlich," und deshalb wird Kanada im Reich bleiben — das wiederholt Financial News 15. Dezember 1921: „Mag die geographische Lage die Wirtschaftsbeziehungen mit den U. S. A. noch so sehr begünstigen, — ohne den Faktor des Gefühls zu England wäre der kanadisch-amerikanische Handel gewiß noch größer.... Das kanadische Volk ist reichstreu, wenn auch zu gleicher Zeit national, wie das Verlangen der Selbständigkeit — Kanada den Kanadiern — und die ‚made in Canada'-Bewegung beweisen."

[21]) „Principles and policies (der Liberalen und Konservativen) have always been the result of the counsels of opportunism." Round Table 47, 641 — Juni 1922. Persönliche Gründe bestimmten weitgehend Politik und Gefolgschaft. Round Table 31, 610 f. — Juni 1918. „Weder innere Fragen noch äußere Gefahren haben das geographisch auseinandergezogene Land zu einer Einheit geformt." Round Table 32, 834 — September 1918.

[22]) Offizieller Name: „National Konservative und Liberale Partei", da sie in und nach dem Kriege bis zum Rücktritt des Premiers Borden (2. Juli 1920) auch konskriptionsfreundliche (nur englische!) Liberale umfaßte. Round Table 34, 372 ff. — März 1919. Times, 7. Juli 1920.

[23]) Manchester Guardian, 4. März 1920.

[24]) Absatz und Zitat nach Round Table 40, 876—87 — Sept. 1920;

So wird Ontario ihr Hauptgebiet, daneben Neubraunschweig und die Minenbezirke Britisch-Kolumbiens, — nicht aber Quebec! Die Gegnerschaft der Franzosen gegen jeden „Imperialismus" ist stärker als die Gleichheit der wirtschaftlichen Interessen[25]).

„Canada first", diese Grundidee der Liberalen macht die Franco-Kanadier zu ihrer stärksten Stütze. Protektionistisch und konservativ[26]), gegen Staatsbahnen und Frauenstimmrecht[27]), wählt die Provinz geschlossen nach Gefühl und Tradition, „toujours fidèle à Laurier"! So stellt sie die Hälfte einer Partei, deren Programmziele Herabsetzungen des Zolltarifs und teilweise Zollfreiheit sind, um die natürliche Entwicklung des Landes zu fördern[28]) (wenn auch die „national policy" des berechtigten Industrieschutzes volle Berücksichtigung finden soll), einer Partei, die Reziprozität mit den Vereinigten Staaten fordert[29]) (wenn auch diese Bereitwilligkeit nur akademischen Wert hat), die Erhöhung der „preference" (der englischen

daneben Times, 15. Juli 1920, 14. August 1920; Manchester Guardian, 4. März 1920, 2. Oktober 1923; Hamilton, 227. Und dennoch erliegen auch die Konservativen bereits weitgehend einer Assimilierung, so daß sie kanadische Interessen voranstellen: Wahlaufruf 1920: Energische Förderung der Einwanderung wünschenswerter Klassen, absolutes Recht, die eigene Einwanderung zu bestimmen, Beibehaltung und eventuelle Ausdehnung der Preference „to such degree as may be found practicable and consistent with Canadian interests". Round Table 40, 886 ff. — September 1920. Ebenso bereits die Bordenschen Richtlinien 1919: Industrieschutz, —gleichen Status für Kanada im Reich. Round Table 37, 157 f. — Dezember 1919. Und schließlich fordert 1924/25 Meighen (als konservativer Oppositionsführer) Schutz der nationalen Industrien gegen die englische Konkurrenz! Wirtschaftsdienst, 6. Febr. 1925. Und die Canadian Manufacturers Association am 13. Juni 1924 in Montreal Aufhebung der vermehrten englischen Zollbevorzugung, speziell in Woll- und Webwaren. Times, 16. Juni 1924. Aber immer bleibt, wie im Wahlkampf 1921, die Gefahr der „economic absorption of Canada by the United States" ausschlaggebend. New York Evening Post, 7. Dez. 1921.

[25]) Die Wehrpflicht im Herbst 1917 blieb in Quebec undurchgeführt! — Ausführlich France. Amérique, Dez. 1924,

[26]) 1911 war Quebec noch überwiegend freihändlerisch interessiert und unterstützte deshalb Lauriers Reziprozitätsverlangen; jetzt ist es fast ganz protektionistisch. Economist, 29. Sept. 1923.

[27]) Ebenfalls gegen Prohibition, während die englischen Liberalen die Trockenlegung befürworten. Times, 4. Okt. 1921. Round Table 45, 164 — Dez. 1921.

[28]) Tarif „for revenue only" (der Hauptberührungspunkt mit den Farmern!). Round Table 45, 164 — Dez. 1921.

[29]) Abgelehnter Antrag Fieldings 13. April 1921 zugunsten der Reziprozität. Journal II, 816 — Okt. 1921. Aber Fieldings Budgetrede 1922 betont: „They proposed to hold their hands and await the turn of events at Washington." Journal III, 777 — Okt. 1922. Worauf man noch lange warten kann und was deshalb nur als rein theoretisches Angebot zu werten ist. Times, 14. Mai 1923.

Zollbevorzugung) auf 50 % ankündigt[30]) (wenn auch dieses Versprechen nie eingelöst wird), die für staatliche Wirtschaftstätigkeit wie für fortschrittliche Reformen eintritt[31]).

Die Handels- und Fischereikreise der Seeprovinzen und der pazifischen Küste, die weiterverarbeitende Industrie und Teile der Landwirtschaft in Ontario stellen den englischen, kleineren Teil der Anhänger.

Die gleiche Stellung zum Reich, die gleiche Gegnerschaft gegen die Union hält Anglo- und Franco-Kanadier zusammen: Keine Teilnahme an imperialistischen Abenteuern, aber auch kein Verschwinden als Teilstaat des südlichen Nachbarn. Fern von Streit und Machtstreben der alten Welt wollen die Liberalen *ihre Nation bauen.* So sind sie überwiegend Autonomisten bis zur Propagierung einer wohlwollenden Unabhängigkeit („benevolent aloofness“) und lehnen alle gemeinsamen Pläne zur Reichsverteidigung, Reichswirtschaft und -politik ab[32]). Aber während bei den Franzosen die sichere Gefahr der Vernichtung ihrer kulturellen und politischen Selbständigkeit und Gleichberechtigung für ihren Widerstand gegen die U. S. A. entscheidend wird, ist es bei den Angelsachsen neben den wirtschaftlichen Gründen der „Wille zur Nation“, — und die Anerkennung des Commonwealth als ideeller Gemeinschaft[33]).

Nur teilweise und abgeschwächt klingen diese Ideen bei den *Farmern* wieder. Zwar umfassen auch sie zahlreiche Wähler, denen das Schicksal des Britischen Reiches nicht gleichgültig bleibt und die sich durch „sentiment and loyality“ an die englische Krone gebunden fühlen[34]), aber fast geschlossen widersetzen sie sich jeglichem Reichs-

---

[30]) Dieses Versprechen steht im offiziellen Programm sowohl von King wie von Crecar, — aber beide übergehen es fernerhin mit Stillschweigen. Round Table 45, 161 — Dez. 1921. Round Table 45, 163 ff. — Dez. 1921.

[31]) King spricht sich am 4. April 1921 (Journal II, 856 — Okt. 1921) und am 19. Febr. 1923 (Journal IV, 324 f. — April 1923) für das Proportionalwahlsystem aus, bleibt aber gegen Quebec und die Konservativen in der Minderheit. Siehe auch Ausdehnung des Frauenwahlrechts. Journal III, 803 — Okt. 1922.

[32]) Man vergleiche auch die Ablehnung des Genfer Protokolls durch King 12. März 1925 wegen der Sanktionspflichten. Journal VI, 316 f. — April 1925.

[33]) Absatz nach ausführlicher Schilderung in Manchester Guardian 2. Oktober 1923; daneben Manchester Guardian 4. März 1920, New York Evening Post 7. Dez. 1921, Commercial and Financial Chron. 21. Febr. 1920, Times, 12. Juli 1921. Die liberale Politik auch ausführlich in einer Nachwahlrede Kings im August 1924. Times, 27. Aug. 1924, und in den Parlamentsdebatten des Februar 1921, Journal II, 297—342 — April 1921. Französisch ist offizielle Amtssprache; zur kulturellen Selbständigkeit Quebecs insbesondere Round Table 52, 111 ff. — Sept. 1923, Hammann, 2 ff.

[34]) Forke, 29. Juni 1923, Journal IV, 793 — Okt. 1923.

einfluß auf kanadische Angelegenheiten und ebenso jeder heimischen Teilnahme an internationalen Fragen. Wirtschaftliche Interessen sind bei der Progressisten-Partei, wie sie sich offiziell nennt, ausschlaggebend. Sie erstrebt Förderung und Bevorzugung der Landwirtschaft, mehr oder minder gleichgültig um die Folgen. Freihandel mit der Union ist ihr Schlagwort, und wenn auch die Notwendigkeit zu schrittweisem Abbau der Zollmauern mit Rücksicht auf die Industrieverhältnisse zugestanden wird, so ist doch für sie — und nur für sie — „national policy" ungerecht und ungesund. „Die Aufrechterhaltung unserer nationalen Selbständigkeit kostet das Land jährlich ungezählte Millionen Dollars; — was rechtfertigt diesen Luxus?" [35])

Auf die im Kriege entstandene „Canadian Grain Grower's Association" gestützt, überschwemmen sie bei den Wahlen 1921 die drei Prärieprovinzen und gewinnen auch in Ontario die Mehrzahl der ländlichen Sitze. Die amerikanischen Farmer und die Siedler aus aller Herren Länder, dazu Unzufriedene jeder Art stellen die extremen Vertreter der Partei, und die gemäßigten Abgeordneten fürchten schon den Unwillen ihrer Wähler, wenn sie nur gelegentlich national-kanadische Interessen betonen [36]).

* * *

Dies ist das Bild, das sich auf dem Wahlkampf des 6. Dezember 1921 abzeichnet; sein zahlenmäßiges Ergebnis so:

	Konserv.	Liberale	Farmer
Prince Edward Isl.	—	4	—
Neuschottland	—	16	—
Neubraunschweig	5	5	1
Quebec	—	65	—
Ontario	37	22	23
Manitoba	—	2	12
Saskatchewan	—	1	15
Alberta	1	—	10
Brit. Columbia u. Yukon	8	3	3
	51	118	64

[35]) Round Table 59, 569 — Juni 1925. Crecars Wahlaufruf: „Wir sind entschiedene Gegner jedes Versuchs, „to centralise Imperial control". Round Table 45, 173 — Dez. 1921. Crecar: „Ich persönlich wäre unbedingt für Autonomie und Freihandel mit der Union." Times, 13. Juli 1921. Ausführliche Darstellung des Farmerprogramms in Round Table 45, 164 ff. — Dez. 1921. New York Evening Post, 7. Dez. 1921. Zur Frage der Einwanderungsförderung ist ihre Stellungnahme geteilt. Siehe Journal V, 764 f. — Okt. 1924; Journal of Commerce (N. Y.), 13. Aug. 1923, wo die Konkurrenzfurcht offen betont wird.

[36]) Absatz nach New York Evening Post, 7. Dez. 1921.

Dazu 2 Arbeitervertreter (Manitoba und Alberta), insgesamt 235 Abgeordnete[37]).

* * *

Der Premier A. Meighen tritt zurück, und englischer Tradition gemäß beauftragt der Governor-General den Führer der liberalen Partei, William Lyon Mackenzie-King, mit der Bildung des neuen Ministeriums.

Dieser versucht, das Kabinett auf eine parlamentarische Mehrheit von Quebec bis zu den Farmern zu stellen. Denn sein Ziel ist die Schaffung einer großen liberalen Gruppe, die sich zwar vorläufig noch auf den Quebec-Block stützt, aber mehr und mehr auch im Westen Fuß fassen wird und nur die extremen Elemente der Farmer als radikale Opposition bestehen läßt[38]).

Die Verwirklichung ist schwer, aber der neue Premier bringt eine große Verhandlungsgabe und taktische Geschicklichkeit dafür mit. Aus einer alten Parlamentarierfamilie stammend, — sein Großvater Alexander Mackenzie war während der ersten 20 Jahre des Dominions Führer der Liberalen Partei gewesen, — bereitete er sich von vornherein auf den traditionellen Beruf des Politikers vor. Nach juristischem und philosophischem Universitätsstudium gibt er (1900—1908) „The Labour Gazette" heraus, wird bald „Deputy Minister of Labour of Canada" und als solcher in zahlreichen industriellen Streitigkeiten zum Regierungsschlichter ernannt. Die hier bewiesenen Fähigkeiten führen ihn als kanadischen Vertreter in mehrere Reichs- und internationale Kommissionen, bis er am 2. Juni 1909, fünfunddreißigjährig, den Posten des Arbeitsministers erhält. Aber Niederlage und Rücktritt des Laurier-Kabinetts im Herbst 1911 beenden vorerst seine aktive politische Tätigkeit. — Der Krieg sieht ihn wissenschaftlich und als Schlichter in amerikanischen Rüstungsindustrien tätig. Doch mit Kriegsende kehrt er nach Kanada und in die Liberale Partei zu-

[37]) Round Table 46, 388 ff. — März 1922. Das Ergebnis wird später dahin berichtigt, daß die Liberalen einen Sitz zugunsten der Farmer verlieren. Journal III, 70 — Jan. 1922. Altes Unterhaus: 120 Konservative, 84 Liberale, 14 Progress., 4 Unabhängige = 222. Jene Schwäche der Liberalen erklärt sich aus der Kriegswahl 1917, wo sie die Wehrpflicht teils ablehnten, teils eine klare Stellungnahme vermieden. France-Amérique, April 1922.

[38]) Manchester Guardian, 4. März 1920. King, 28. Febr. 1924 im Parlament: „Man kann Kanada nicht stabilisieren, ehe man nicht Osten und Westen zusammengebracht hat. ... Ich habe mir diese Aufgabe gestellt, und ich sage dies besonders den Herren aus dem Westen." Journal V, 304 — April 1924.

rück, die ihn nach Lauriers Tod im August 1919 zum Führer wählt [39]).

Jetzt sieht er sich mit 47 Jahren als verantwortlicher Leiter des Dominions. In den Regierungsverhandlungen sucht er zum erstenmal seine Idee der Zusammenfassung des „neuen Liberalismus" der Verwirklichung näher zu bringen. Fast scheint eine Einigung mit Crecar, dem Führer der Progressisten, erzielt, da erzwingen die führenden Franco-Kanadier, die ihre Wirtschaftsinteressen durch die Abmachungen der beiden Parteiführer bedroht sehen, den Abbruch der Verhandlungen und die Bildung eines rein liberalen Ministeriums [40]).

Die Mehrzahl der Farmer gewähren Unterstützung [41]), doch der jetzt siebzigjährige Fielding, Finanzminister schon unter Laurier, und die Franzosen Lapointe und Lomer Gouin bestimmen die Regierungspolitik. Kaum ändert sich der bisherige Kurs in den nächsten Monaten; nur sehr spärlich werden die Wahlversprechungen verwirklicht [42]).

Aber King und Crecar verhandeln weiter [43]), und nachdem der Premier tatsächlich schon im Budget 1923 mit der neuen Mehrheit arbeitet [44]), vollzieht er Anfang Januar 1924 den Wechsel auch formell: Das Kabinett wird umgebildet, Quebec durch freihändlerische Liberale ersetzt, da das offene Bündnis mit den Farmern nicht möglich ist [45]).

---

[39]) Sir Wilfrid Laurier starb am 17. Febr. 1919; am 5. Aug. 1919 wählte der liberale Convent King zum Führer. Canada Year Book 1922/23, 87. Fielding, der eigentliche Führer der Liberalen neben Laurier, schied wegen Zustimmung zu Zwangsrekrutierung im Krieg und Unterstützung der Unions-(Koalitions-)Regierung aus. Round Table 35, 593 ff. — Juni 1919. Kings Entwicklungsgang nach den ausführlichen Angaben in Who's who, XXXVIII ff., daneben (besonders Wesen und Charakter) Financial Post of Canada, 9. Aug. 1919, Times, 12. Juli 1921, Manchester Guardian, 2. Okt. 1923, Bulletin du Sémaphor, 18. Okt. 1923. Zu Alexander Mackenzie siehe ausführlich Times, 12. Juli 1921, Canada Year Book 1922/23, 76.

[40]) New York Evening Post, 9. Jan. 1922. Die führenden Mitglieder des Kabinetts sind: King (Premier und Äußeres), Fielding (Lauriers „old lieutenant" — Finanz), Lapointe (Schiffahrt und Fischerei), Lomer Gouin (Justiz), ebendort und Round Table 47, 636 f. — Juni 1922. Dazu treten Lemieux (Präsident des Unterhauses) und Dandurand (Liberaler Führer im Senat). France-Amérique, Dez. 1924.

[41]) Times, 3. Aug. 1922.

[42]) Round Table 51, 616 — Juni 1923, Manchester Guardian, 26. Juni 1922.

[43]) Times, 10. Febr. 1923.

[44]) Siehe die Gestaltung des Zolltarifs, Seite 19. — Die Farmer stimmen geschlossen für das Budget.

[45]) Rücksicht auf die extremen Elemente. Times, 9. Jan. 1924, 14. Jan. 1924. Lomer Gouin tritt am 3. Jan. 1924 „aus Gesundheitsrücksichten" zurück (Times, 5. Jan. 1924), Fielding „wird krank" (Times, 7. Jan. 1924), — aber nur vier Liberale stimmen gegen das Budget, sechs

King hat seine taktische Geschicklichkeit dabei nicht überschätzt: Entgegenkommen auf außenpolitischem Gebiet sichert die fernere Gefolgschaft der Franzosen und verhindert die Sprengung der Partei. Auch die Wirtschaftspolitik verläßt nicht die „mittlere Linie", so daß im Budget 1925, das keine weiteren Konzessionen an die Progressisten bringt, der Anschluß an die Franco-Kanadier wieder erreicht wird und trotzdem die bisherige Zusammensetzung des Kabinetts sich nicht ändert[46]).

Weitgehend bedingt diese Regierung mit wechselnden Mehrheiten die Politik des liberalen Premiers. Aber immer muß er Quebec halten, immer will er die Farmer gewinnen; — wie können seine Entscheidungen da anders sein als national-kanadisch?

Wirtschaftspolitik.

Die Reichswirtschaftskonferenz von 1923 sieht den sehr ehrenwerten William Lyon Mackenzie-King, Ministerpräsidenten und Hauptvertreters Kanadas, als passiven, fast möchte man übertreibend sagen, als teilnahmslosen Teilnehmer. Weder bringt er aus Land oder Parlament eigene Vorschläge mit, noch zeigt er sich geneigt, an Reichsproblemen mitzuarbeiten[47]).

Nur einmal greift der Premier tätig und fordernd in die Verhandlungen ein: Das Verbot der Einfuhr lebenden Großviehs nach England, dessen Aufhebung Borden bereits 1917 versprochen worden war, ist in Praxis immer noch nicht beseitigt. Zwar wurde 1922 die Sperre für kanadisches Zuchtvieh durch das „Importation of Animals Act, 1922" aufgehoben, aber das System der Kontrolle macht auch

enthalten sich der Stimme (Times, 17. Mai 1924). — Siehe auch France-Amérique, Dez. 1924. „Die Farmer sind zu einer ‚Fremdenlegion' der Liberalen geworden." Round Table 56, 795 ff. — Sept. 1924. Im Oktober 1924 bereist King dann ausführlich (5 Wochen) den Westen, um für die Fusion der Farmer mit den Liberalen zu agitieren, findet aber wenig Gegenliebe. Round Table 57, 157 — Dez. 1924; Times, 23. Febr. 1925; New Statesman, 3. Okt. 1925.

[46]) Round Table 59, — Juni 1925. Die Neuwahl vom 29. Okt. 1925 schwächt die Farmer (teils infolge des Mehrheitswahlsystems, vgl. Anm. 407) stark: Konservat. 116, Liberale 103, Farmer 22, Arbeiter 2, Unabhäng. 2, zusammen 245. Die abermalige Auflösung des Parlaments ist wahrscheinlich.

[47]) Kurz vor der Reichswirtschaftskonferenz von 1923 reiste Lloyd George nach Kanada (9.—21. Okt. 1923), um, wie amerikanische Zeitungen behaupten (New York Evening Post, 20. Okt. 1923), eine Politik der nationalen Isolation durch King auf der Konferenz unmöglich zu machen. — King vor der Konferenz in Quebec: „Wir haben auf der Konferenz keine Fragen zu stellen." Journal of Commerce (N. Y.), 20. Okt. 1923. Zur Teilnahmslosigkeit siehe auch Round Table 54, 363 ff. — März 1924.

diesen geringen Erfolg (ursprünglich sollte auch die Einfuhr von Mastvieh frei werden) wieder zunichte [48]).

Doch King braucht die Einfuhrfreiheit: Der Fordney-McCumber-Tarif von 1922 hat den amerikanischen Markt fast verschlossen [49]), auch einen kleinen Ersatz wird der kanadische Viehzüchter begrüßen. So fordert King „Achtung vor Geist und Buchstaben der Verträge von allen Beteiligten". Doch er will nicht nur gerechte Einlösung eines Versprechens, sondern er hat bereits dafür gezahlt: „Wir vermehrten u. a. die britische Zollbevorzugung, indem wir einen 10%igen Nachlaß der bestehenden Zölle auf alle Waren gaben, die durch kanadische Häfen einkommen. Und wir hegten dabei die Hoffnung, daß man auch uns in einer Angelegenheit entgegenkommen würde, die für uns eine Lebensfrage darstellt." . . . . „Wir wollen halten, was wir getan haben . . . . aber wenn auf einer Seite Irrtümer (der untergeordneten Organe, womit auf die Schikanen der Inspektion angespielt wird) beginnen, so ist die andere Seite zu Wiedervergeltungen geneigt [50])."

Eine Konferenz zwischen Vertretern Englands und Kanadas wird vorgesehen, um die verwaltungstechnische Auslegung der Gesetzesvorschriften zu prüfen [51]). Ihr späteres Ergebnis befriedigt; die Einfuhr kanadischen Zuchtviehs wird tatsächlich frei [52]).

So bestätigt auch dieses Verhandeln von 10% „preference" gegen die Vieheinfuhr den autonomen Grundgedanken aller kanadischen Wirtschaftspolitik, und die offizielle Begründung der neuen Zollbevorzugung im Parlament wiederholt dies noch einmal: „Die Wünsche der Hafenstädte sollen damit erfüllt und der direkte Handel ermutigt werden [53])."

---

[48]) Zur Geschichte der Vieheinfuhrverhandlungen ausführlich Sir Rob. Sanders auf der Reichswirtschaftskonferenz 1923, Cmd 2009, 526 f. Auch schon King im kanadischen Parlament, Journal III, 613 ff. — Juli 1922.

[49]) Schon der Emergency-Tariff (Notstandstarif) vom 27. Mai 1921 schützte die amerikanischen Farmer gegen die kanadische Einfuhr von Rindvieh, Schafen, Fleisch, Meiereierzeugnissen, Wolle usw. Der Fordney-McCumber-Tarif vom 21. Sept. 1922 verstärkte dann diesen Schutz noch. Hinst, 22 ff., 28—46. Durch ihn wurden auf lebendes Vieh 30 % Zoll gelegt. — Kanadischer Export in die Union im Durchschnitt 1917—1921 jährlich 200 000 Haupt. Financial Post of Canada, 30. März 1923.

[50]) Absatz und Zitate nach der ausführlichen Darstellung in Cmd 2009, 35 ff., 527 ff., 534 ff. Über die Beziehung der Mehrpreference zur Vieheinfuhr auch schon King am 23. Mai 1923 im Parlament. Journal IV, 543 f. — Juli 1923. Die 10 % Mehrpreference wird jedoch nur auf Preferencezölle über 15 % gewährt. Journal IV, 539 f. — Juli 1923.

[51]) Cmd 2009, 537.

[52]) King, 28. Febr. 1924 im Parlament. — Export nach England 1922 = 17 000, 1923 = 37 000 Haupt. Journal V. 304 — April 1924.

[53]) Finanzminister Fielding zum Budget, Journal IV, 539 f. — Juli 1923.

Ausschaltung der Vereinigten Staaten ist zwischen den Zeilen zu lesen, aber kein Wort erwähnt England, keines deutet auf eine Förderung des Reichshandels hin. Ohne Rüchsichten und ohne Bindungen, wie einem fremden Staat will Kanada in Wirtschaftsbeziehungen dem Mutterlande gegenüberstehen [54]).

* * *

Doch die anderen Glieder des Reichs sehen die notwendige Einheit gefährdet, wenn diese Auffassung sich durchsetzt.

Zur Erörterung von Währungsfragen soll ein Ausschuß von Sachverständigen eingesetzt werden, King aber erklärt sofort Kanadas Uninteressiertheit mit der schwachen Begründung, daß „diese Sache vor allem diejenigen Teile des Reiches angeht, die Pfund-Sterling-Währung haben. Ich glaube nicht, daß sie insbesondere Kanada berührt, ... und es wird unter diesen Umständen kaum nötig sein, daß wir im Ausschuß vertreten sind.“ Aber die Konferenz setzt dieser Auffassung erfolgreichen Widerstand entgegen, und so sieht sich der Premier schließlich zu der Erklärung gedrängt: „Wir stimmen vollkommen zu, vertreten zu sein, wenn es gewünscht wird, aber wir glauben nicht, daß wir in gleichem Maße an der Frage interessiert sind wie gewisse andere Teile des Reiches“ [55]).

Auf jedem Wirtschaftsgebiet wiederholt sich das gleiche Streben: Kanada glaubt nicht auf Unterstützung angewiesen zu sein und sucht deshalb jeder freiwilligen Bindung, jeder Gefahr einer Anteilnahme an Reichsorganen und Reichssorgen zu entgehen. Nimmt der liberale Führer sein Land in untergeordneten Abmachungen, wie einheitliche Regelung von Zollformalitäten, als einziges Dominion stillschweigend aus [56]), so bekämpft sein Vertreter G. P. Graham offen den Konferenzbeschluß der Errichtung eines Reichswirtschaftsrates (siehe Seite 48) und beharrt in der Ablehnung [57]). „Das vorgeschlagene Komitee hielten wir seiner zu weit und umfassend gesteckten Ziele wegen für

[54]) Siehe auch: Die Zollbevorzugung sei nicht zugunsten Englands, sondern Kanadas selbst eingeführt! Der Handel würde dadurch gefördert und das Dominion habe den Vorteil davon. Journal V, 544 — Juli 1924.

[55]) Absatz und Zitate nach der ausführlichen Darstellung in Cmd 2009, 449 ff.

[56]) Cmd 2009, 13 ff. Auch das „Commercial Intelligence Imperial Advisory Committee“ wird nicht gebilligt, der Patententwurf, den die Sonderkonferenz von 1922 empfahl, nicht angenommen. ebendort.

[57]) Cmd 2009, 570 ff. und 24 ff.

nutzlos,“ erklärt King später[58]). Doch in Wahrheit sieht er darin die Gefahr einer zentralistischen Entwicklungstendenz.

* * *

Volle Wirtschaftsautonomie aller Glieder des Reichs, — diesen Grundsatz vertritt Mackenzie-King als einziger der Dominienpremiers vorbehaltlos und von Anfang an. „England hat das Recht, unbeeinflußt über seine Wirtschaftspolitik (Freihandel) zu entscheiden.“ Doch er stellt dafür den gleichen Anspruch; die Interessen Kanadas bestimmen seine Maßnahmen[59]).

Mit dem Programm wirksamer Herabsetzungen des Zolltarifs, um die hohen Lebenskosten zu erniedrigen und die Produktionsmittel der Urindustrie (Landwirtschaft und Bergbau) zu verbilligen, geht King in die Wahlschlacht[60]). Aber auf die Unterstützung durch Quebec angewiesen, kann der Premier im ersten Jahr der Regierung kaum bedeutende Änderungen erreichen: Um durchschnittlich $2^1/_2$ % setzt Fieldings Budget von 1922 die Sätze für landwirtschaftliche Geräte herab[61]). Die Opposition rechts und links spart nicht mit ihren Angriffen[62]).

Doch der Zwang zur Unterstützung der kanadischen Landwirtschaft, schon durch den Notstandstarif der U. S. A. vom 27. Mai 1921 bedingt, wird durch den Fordney-McCumber-Tarif[63]) und die Rekordweizenwelternte 1923 stark

---

[58]) Am 8. Juli 1924 bei Besprechung des MacDonaldschen Vorschlags eines Komitees zur Untersuchung der Absatzmöglichkeiten für Lebensmittel aus den Dominien in England, dem King zustimmt. — Journal V, 768 — Okt. 1924 und VI, 74 f. — Januar 1925. Siehe auch Anm. 177.

[59]) Absatz und Zitat nach Cmd 2009, 34 ff., siehe auch Times, 25. April 1923. Journal V, 514 — Juli 1924. Die Quebec-Liberalen beantragen zwar (besonders wegen Aufhebung der McKenna-Zölle mit ihrem Vorzug für die kanadische Automobil-Industrie) am 4. Juni 1924 Aufhebung der englischen Preference bis zur Gewährung der Gegenseitigkeit, aber dieser Demonstrationsantrag wird nach mehrfacher Debatte wieder zurückgezogen. Journal V, 514 ff. — Juli 1924 und V, 757 ff. — Okt. 1924. Siehe auch Anm. 180 und 181.

[60]) Weizen, Weizenmehl und alle Weizenprodukte, die hauptsächlichen Nahrungsmittel, landwirtschaftliche Geräte und Maschinen, Traktoren, Bergbau-, Mehl- und Sägemühlenmaschinen und deren Teile, rohes und bearbeitetes Bauholz, Gasolin, Leucht-, Schmier- und Brennöle, Netze, Netzgarne und Fischereigeräte, Zement und Dünger sollten auf die Freiliste gesetzt werden. New York Evening Post, 7. Dez. 1921.

[61]) Times, 17. Juni 1922. 8,8 Mill. $ = 99 % der betroffenen Waren kommen aus der Union. Ebendort.

[62]) Bei der Budgetdebatte im Parlament usw. Journal III, 782 ff.— Oktober 1922.

[63]) Der prohibitive Charakter des Fordney-Tarifs gegen die kanadische Landwirtschaft ist offenbar. Zirka 90 % des kanadischen Exports in die

verschärft. Hier liegt der Grund, daß Crecar im Herbst 1922 Kings Wünschen entgegenkommt, den extremen Teil der Partei fallen läßt und die Verbindung mit den Liberalen vorbereitet. Deren Tarif führt jetzt Zollermäßigungen und Zollbefreiungen für landwirtschaftliche und industrielle Bedarfsartikel ein [64]), und die Frucht der Kabinettsumbildung ist dann die Zolltarifnovelle vom Frühjahr 1924: Ernte- und Kultiviergeräte, Roheisen und Stahlbarren werden auf die Freiliste gesetzt, die Sätze aller anderen landwirtschaftlichen Maschinen und Geräte, Bergbaumaterialien und Zwischenprodukte der Eisen- und Stahlindustrie z. T. abermals durchschnittlich um die Hälfte ermäßigt [65]).

Schon 1923 jedoch macht King zugleich die Drohung gegen die Vereinigten Staaten wahr, bei Errichtung hoher Schutzmauern die Einfuhr anderer Länder fördern zu wollen und fördern zu müssen [66]). Die Furcht vor weiterer Verschlechterung der ungünstigen Zahlungsbilanz oder die Vorsorge, nicht alle Trümpfe aus der Hand zu geben, werden eine Hauptursache sowohl der 10 % Mehr-„preference“ wie der Erweiterung der allgemeinen britischen Zollbevorzugung, die besonders Textilien begünstigt [67]), nachdem schon 1922

Union im Wert von 225 Mill. $ werden belastet. Weltwirtschaftl. Nachr., 10. Aug. 1921. Folgende Waren, die früher auf der Freiliste standen, tragen jetzt an Zoll:

Weizen	35 c per bushel	91,4 Mill. $	Wert der
Weizenmehl	20 % ad val.	12,0	Ausfuhr in
Kartoffeln .	25 c per bushel	8,3	die U. S. A.
Schlachtvieh	30 % ad val.	21,2	1920/21
Fleisch	2 c per lb.	7,7	
Wolle	15—45 c per lb.	2,1	
Milch	2 c per lb.	2,8	

(Die Liste ist nicht vollständig.)

Journal of Commerce (Montr.) 10. Juli 1921. Der Weizenexport in die U. S. A., 1921 noch 42,3 Mill. Bushel, fällt 1924 auf 21,2 Mill. Bushel; Weizenmehlexport von 1,2 Mill, Barrel auf 0,2 Mill Barrel. Canada Year Book 1922/23, 480 ff. — 1924, 463 ff.

[64]) Journal of Commerce (Montr.), 10. Mai 1923. Außerdem wird Zollfreiheit für Maschinen, Fuhrwerke und landwirtschaftliche Geräte eingeführt, die der Ansiedler mit ins Land bringt unter der Bedingung, daß sie innerhalb eines Jahres nicht verkauft werden. Canada Year Book 1922/23, 990.

[65]) Der neue Tarif trat 11. April 1924 in Kraft. Erntemaschinen: Frei, 6 %, 6 % (7½ %, 10 %, 10 %); Kultiviermaschinen: Frei, 7½ %, 7½ % (10 %, 12½ %, 12½ %); Pflüge, Zentrifugen und andere landwirtschaftliche Geräte: 5 %, 10 %, 10 % (10 %, 15 %, 15 %). (Englischer, Minimal- und Maximaltarif). — Auszug aus der vollständigen Liste des Journal of Commerce (Montr.), 17. April 1924.

[66]) Hinst, 108.

[67]) Zollermäßigungen 1923 auf baumwollene und wollene Stoffe, Strumpfwaren, Kleidungsstücken u. a. m. Times, 14. Mai 1923.

die Belastung englischer Baumwollwaren um 2½ % verringert worden war[68]).

So fördern selbst die Liberalen die Handelsbeziehungen mit dem Mutterland, mag der Faktor des Gefühls auch nur gering sein[69]).

* * *

„Canada first", — aber nicht die Landwirtschaft allein! Trotz aller Zollermäßigungen vergißt der Premier auf der anderen Seite nie den Grundsatz der „national policy": „Es ist müßig, närrisch und ungerecht, zu behaupten, die Liberale Partei verteidige Freihandel oder würde den Tarif so revidieren, daß sie die anerkannten kanadischen Industrien gefährde"[70]); — und seine französischen Freunde erinnern ihn immer wieder daran.

---

[68]) Neuer, um 2½ % ermäßigter englischer Zoll / unveränderter amerikan. Zoll

		Neuer, um 2½ % ermäßigter englischer Zoll	unveränderter amerikan. Zoll
Wollwaren		27 ½ %	35 %
Kleider		12½ %	25 %
Baumwollwaren	ungefärbt	12½ %	25 %
	gefärbt	22½ %	32 ½ %
Schuhwaren		15 %	30 %

(Liste nicht vollständig.)

Ein materieller Vorteil gegen die kanadischen Erzeugnisse ist jedoch damit nicht erzielt, da zu gleicher Zeit die Umsatzsteuer (sales tax) für Importe von 4 % auf 6 % erhöht wurde. Times, 17. Juni 1922; New York Evening Post, 8. März 1922. Der Wert des Mehrvorzugs ist dennoch bedeutend: Der englische Anteil an „fibres and textiles"-Einfuhr steigt von 33 % (1921) auf 41 % (1922), derjenige der Union fällt von 50 % auf 43 %! Board of Trade Journal, 1. Februar 1923. Zugleich begünstigt die 10 % Mehrpreference den direkten Import beträchtlich. — Ausführlich Financial News, 10. September 1924.

[69]) Fiskaljahr 1923/24 (31. März)

	Vereinnahmte Zölle	Nach Generaltarif berechnete Zölle
General Tariff	9 572 777 $	9 572 777 $
Treaty Rates	463 781 $	545 271 $
Preferential. . . .	18 119 479 $	28 465 947 $
	28 156 038 $	38 583 995 $

Journal V, 3. Juni 1924.

Die bedeutende Vergünstigung an das Mutterland und die relativ geringe Durchschnittsbelastung der Unionseinfuhr sind gleicherweise zu erkennen. (Die Einfuhr aus anderen Ländern kann als hinreichend klein vernachlässigt werden.) — Auch die Vorschrift des „Customs and Excise Act Amendment Act", 27. Juni 1922, daß Waren aus Ländern mit entwerteter Valuta für Zollberechnung den entsprechenden englischen Waren gleichgesetzt werden, begünstigt das Mutterland. Journal III, 786 — Oktober 1922. Die tatsächliche englische Zollbevorzugung wurde bis 1924 noch dadurch erhöht, daß die Entwertung des Pfundes nicht in Rechnung gestellt wurde. Journal V, 518 — Juli 1924.

[70]) King, 23. Mai 1923. Journal IV, 543 f. — Juli 1923.

Die Kunstseidenindustrie erhält 1923 neuen Zollschutz, an die Kupfer- und Hanfindustrie werden Prämien gewährt [71]), ebenso unter bestimmten Bedingungen für kanadisches Petroleum [72]). Um eine Papiermühlenindustrie in Britisch-Kolumbien zu schaffen, verbietet King die Ausfuhr von „pulpwood" (Holz zur Zellulosefabrikation) aus den Kronwäldern in die Vereinigten Staaten [73]). Auch die Koksproduktion wird nach einem Gesetzesvorschlag vom Juni 1925 durch Kostenbeiträge auf 15 Jahre unterstützt werden, wobei die Verwendung heimischer Kohle besonders begünstigt sein soll [74]), obwohl noch ein Jahr vorher von Regierungsseite betont wurde, daß alle solche Versuche an einer Tatsache scheitern müßten: Längs der Grenze, nur 3—400 Meilen vom Industriezentrum Ontarios entfernt, ruhen auf U. S. A.-Boden Kohlenschätze, die wohl für 200 Jahre reichen würden [75]).

Auch der liberalen Regierung bleiben die Sätze des Zolltarifs Hauptmittel zu Schutz und Förderung der nationalen Industrien. Staatsschulden [76]) und Steuermöglichkeiten [77]) zwingen schon dazu. Die traditionelle Politik von 70 Jahren [78]) wird von King nicht ab-, sondern ausgebaut!

* * *

[71]) Alles nach Manchester Guardian, 19. Juni 1923 und Canada Year Book 1922/23, 990.

[72]) Canada Year Book 1922/23, 990.

[73]) Canada Year Book, 1922/23, 994.

[74]) Bis zu 3 % Kostenbeitrag. Wird ausländische Kohle verwendet, so soll eine Abgabe von 1 $ je Tonne Koks entrichtet werden. Times, 20. Juni 1925.

[75]) Antrag der Konservativen forderte Kohlenzoll gegen die U. S. A. und Vorzugstarife auf den kanadischen Eisenbahnen. Der Minister des Innern betont dagegen am 31. März 1924 die Verbundenheit mit den Vereinigten Staaten. Journal V, 760 f. — Oktober 1924. Die Tonne kanadischer Kohle kostet an der Grube in Alberta 2,80 $, Fracht bis ins Zentrum Ontarios 10,50 $ ohne sonstige Unkosten. Die Regierung gibt 3 $ Frachtermäßigung. — 100 Mill. $ Kohle (60 % des kanadischen Gesamtbedarfs) werden aus der Union jährlich eingeführt. Wirtschaftsdienst, 6. Februar 1925.

[76]) Hamilton, 180. Staatsschuld 31. März 1923: 2 454 Mill. $. Journal V, 531 — Juni 1924. Insbesondere die Eisenbahnen tragen zu immer weiterer Vermehrung der Staatsschuld bei. Die Budgets enthalten folgende Vorschüsse an die Canadian National Railways: 1722/23: 92 Mill. $; 1923/24: 74,5 Mill. $; 1924/35: 70 Mill. $. Journal III, 774 — Oktober 1922, IV, 537 ff. — Juli 1923; Round Table 69, 569 ff. — Juni 1925.

[77]) Die Abwanderungsgefahr in den Süden wirkt stark auf die direkte Besteuerung zurück. Siehe „Canadian Prosperity and the U. S. A." in Round Table 59, 569 ff. — Juni 1925.

Budget	1921/22 (Voranschlag)	1922/23 Mill. $
Zölle	162	104
Einkommensteuer	38	78
Umsatzsteuer	76	72
Gesamt .	451	371

Trat hier der Gedanke möglicher Ergänzung und Arbeitsteilung, trat gewolltes Zusammenwirken („co-operation“) im Commonwealth schon ganz zurück, so verschärft sich in der staatlichen Schiffahrtspolitik das Streben nach „nationaler Entwicklung“ bis zum Gegensatz mit den Reichsinteressen, wie England sie sieht.

Bereits die konservativen Regierungen Borden und Meighen schufen teils als Kriegsmaßnahmen, teils erst nach Friedensschluß die „Government Merchant Marine“, um der kanadischen Landwirtschaft billige Frachtmöglichkeiten zu sichern. Sie sollte insgesamt 63 Schiffe mit 375 000 t umfassen und unterhielt schon im Sommer 1921 regelmäßige Linien nach England, Westindien, Neufundland, Südamerika, Australien, Neuseeland, dem Mittelmeer, den Straits und Indien[79]). Obwohl die liberale Opposition den Staatsbetrieb damals grundsätzlich und wegen der hohen Verluste ablehnt[80]), übernimmt die liberale Regierung trotzdem die Flotte und führt sie Jahr um Jahr weiter.

Die Farmer sind in ihrer Stellungnahme geteilt, aber mehr und mehr ernüchtert sie das dauernde Defizit (1923 und 1924 zusammen fast 3 Mill. $; Gesamtdebetsaldo Ende 1924 35 Mill. $), von dem ein beträchtlicher Teil zu Lasten der Staatskasse abgeschrieben werden soll[81]), und die Tatsache, daß die staatliche Schiffahrtslinie Mitglied der Nordatlantischen Schiffahrtskonferenz ist und deren Raten berechnet[82]).

Doch King hat nicht die Absicht, den Versuch aufzu-

Wobei jedoch zu berücksichtigen ist, daß die Provinzen das Recht direkter Besteuerung ebenfalls ausüben. Financial News, 8. Juni 1922. Dennoch ist die Steuerbelastung eines Einkommens von:3 000 $: 40 $ gegen 7,5 $ 10 000 $: 619 5 $ gegen 207,5 $ in den U. S. A. Wirtschaftsdienst, 6. Mai 1925. Aber die Farmer werden weitgehend begünstigt. Ausführlich Round Table 42, 386 — März 1921.

[78]) Schutzzölle Upper und Lover Canadas 1858, aber das Dominion hatte auch die erste Preference (1897). Porritt, 142 und Anm. dort Laurier 1876: „Protection is a matter of necessity for a young nation in order that it may attain the full development of its own resources“. Porritt, 286.

[79]) Siehe zu diesem Absatz die ausführlichen Regierungsangaben Sommer 1921 im Parlament. Der größte Teil der Schiffe war damals bereits gebaut. Journal II, 827 ff. — Oktober 1921.

[80]) Liberale Kritik im Parlament: Der Wert der Schiffe sei z. Zt. (Sommer 1921) höchstens die Hälfte der Baukosten, der Betriebs- und Wertverlust bisher über 58 Mill. $. (?) Der Staatsbetrieb habe sich als falsch erwiesen. Journal II, 827 ff. — Oktober 1921.

[81]) Wirtschaftsdienst, 15. Mai 1925. Betriebsverlust im Geschäftsjahr 1924: 1 440 000 $, in 1923: 1 524 600 $, ebendort. — Gesamtverluste 1924 und 1925 zusammen: 16,5 Mill, $. — Wirtschaftsdienst, 4. Juni 1926.

[82]) Im kanadischen Parlamentskomité betr. die agrarische Lage. Round Table 51, 717 f. — Juni 1923.

geben. Er hofft ihn vielmehr in abgeänderter Form mit besserem Erfolg zu wiederholen. Der Governor-General Lord Byng of Vimy kündigt in der Thronrede zur Eröffnung des Parlaments am 5. Februar 1925 Maßnahmen zur Transportkontrolle und Ermäßigung der Frachten an[83]), die Staatslinie tritt zugleich aus dem Pool aus[84]), und der Premier malt erneut und heftiger denn je das Gespenst des „big combine", des mächtigen Schiffstrusts an die Wand, der die armen Farmer um ihren sauren Verdienst betrügt[85]).

Die Regierung will jetzt (neben der Staatsflotte) die Frachtdampfer einer neugegründeten englischen Gesellschaft unterstützen, um so die Raten zu drücken. Ein Kommissionsbericht soll die Berechtigung dazu erweisen. Dieser Bericht, — der übrigens entgegen den Beschlüssen der Reichskonferenz von 1923 nicht dem Imperial Shipping Committee zur Prüfung auf seine Verläßlichkeit vorgelegen hat, was natürlich besonders in England sehr verstimmte[86]), — dieser Bericht, vom liberalen Parlamentsmitglied R. Preston verfaßt, erweist sich als so unzulänglich, daß King von ihm abrückt[87]).

Aber der Vertrag mit dem Besitzer der London-American Maritime Trading Company, Sir William Petersen, kommt dennoch zum Abschluß: Gegen Unterstützung von 275 000 £ jährlich verpflichtet sich Sir Petersen, binnen 18 Monaten 10 neue Motorschiffe in den europäisch-kanadischen Dienst zu stellen[88]).

---

[83]) Journal V I, 502 — April 1925.

[84]) Hamburger Nachrichten, 25. Februar 1925.

[85]) King laut Times, 11. Februar 1925.

[86]) Der Präsident der englischen Schiffahrtskammer „bedauert dies außerordentlich". Hamburger Nachrichten, 25. Februar 1925. Am 20. März 1925 beschließt das Imperial Shipping Committee, der Einladung des (englischen) Handelsamtes, die von der Regierung Kanadas gegen die Mitglieder der Nordatlantischen Schiffahrtskonferenz sowie gegen die Weltschiffahrt erhobenen Anschuldigungen zu prüfen, keine Folge zu leisten, infolge der „wiederholten, geradezu beleidigenden Hinweise der jetzigen kanadischen Regierung auf das Comité und seine Tätigkeit." Hamburger Nachrichten, 24. März 1925.

[87]) Round Table 59, 564 — Juni 1925.

[88]) Hamburger Nachrichten, 17. März 1925. Bereits am 15. Juni 1925 sollte seine „Maritime Trading Cy" vorläufig sechs alte Dampfer einstellen. Hamburger Nachrichten, 15. Februar 1925. Der Vertrag mit Sir Petersen wurde am 1. Februar 1925 zu Ottawa abgeschlossen. Ein enges Zusammenarbeiten mit den kanadischen Eisenbahngesellschaften und der Government Merchant Marine war vorgesehen, und die Kontrolle und Regulierung der Frachtraten blieb Sache der kanadischen Regierung, die sie von Zeit zu Zeit festsetzen wollte. Die geplanten Raten sollten 12½—25 % unter den jetzigen liegen.

Petersen hatte die 10 Schiffe in England zu 1,2 Mill. £ in Auftrag gegeben und 600 000 £ unter dem „Trade Facilities Act" garantiert bekommen.

Ein parlamentarischer Sonderausschuß wird eingesetzt, um diese Bedingungen zu prüfen [89]). Ein Verlegenheitsprodukt der Vorsicht ist dessen Bericht [90]), — da stirbt Sir Petersen plötzlich, und das ganze Projekt ist in Frage gestellt [91]).

Aber die Staatsflotte besteht weiter, und auch für sie gilt, was die Round Table über den Petersen-Kontrakt schrieb: „Der Plan ist eher durch politische als durch wirtschaftliche Beweggründe bestimmt worden, und er kann bei fremden Nationen den Glauben verstärken (intensify!), daß das Imperium durch innere Interessengegensätze auseinanderfällt" [92]).

Doch Kings kanadische Politik gerät nicht nur mit den englischen Reedern in Widerstreit. Als im Herbst 1923 die Rekordernte der Prärieprovinzen von 445 Mill. Bushel Weizen die goldene Flut des Korns in den Silos von Fort William und Port Arthur, von Duluth und Superior sich stauen läßt, als weder C. P. R. (Canadian Pacific Rly) und Canadian National Railways noch die Schiffahrt der Großen Seen die täglich sich mehrenden Mengen bewältigen können und die Frachtsätze steigen und steigen, — da will der

---

Das Trade Facilities Committee zog bei Bekanntwerden des Kontraktes diese Garantie zurück, da unter diesen Umständen eine Unterstützung unfair sei und im Widerspruch mit den englischen Interessen stünde. Hamburger Nachrichten, 17. März 1925.

[89]) Hamburger Fremdenblatt, 10. April 1925. Die Konservativen verlangen statt des „Petersen-Kontrakts" Zusammenarbeit mit den anderen englischen Regierungen, die Farmer fordern das Einsetzen der Staatsflotte. Round Table 59, 564 f. — Juni 1925. Die Regierung entgegnet dazu, leider stünden für den atlantischen Dienst nur neun Schiffe zur Verfügung, und sie würden im Frachtkrieg verwendet werden. Hamburger Nachrichten, 24. März 1925.

[90]) Die Petersen-Linie solle 12 Monate lang ihre höhere Wirtschaftlichkeit beweisen. Hamburger Fremdenblatt, 18. Juni 1925.

[91]) Ebendort. Tatsächlich ist dieser Plan seitdem nicht mehr erörtert worden, Preston jedoch sucht bereits neue Interessenten zum Kampf gegen die Nordatlantische Konferenz. Hamburger Nachrichten, 14. August 1925.

[92]) Round Table 59, 565 — Juni 1925. Zur Furcht vor Monopoltendenzen der britischen Reeder vgl. auch die Ablehnung einer Entschließung betr. Schaffung einer Kontroll- und Schlichtungsinstanz der Reichsschiffahrt auf der Reichskonferenz 1921 durch Kanada und Stimmenthaltung von Australien und Südafrika. Cmd. 1474, 17.

[93]) Auch nach anderer Richtung wird eine national-kanadische Schiffahrt zu begünstigen versucht:

Gesetzentwurf des Trade Commissioners A. J. Logan: Bau von sechs Regierungsschiffen für den Postverkehr mit Westindien, da die eigene Regie billiger sein würde als die Subsidierung der Royal Mail Steam Backet Company (jährlich 534 000 £). Wirtschaftsdienst, 29. Mai 1925. Siehe dazu auch die „Kolonialpläne", Anm. 124. Auch Subsidien auf den Bau von Trockendocks erster und zweiter Klasse werden durch Gesetz Nr. 45 von 1923 gewährt. Canada Year Book 1922/23, 911.

Premier in Ottawa die Gesellschaften zur Bekanntgabe ihrer Tarife und Prüfung durch die „Board of Grain Commissioners" zwingen, will niedrigere Weizenraten erreichen. Es ist das Gegenstück zum atlantischen Kampf.

Aber die Amerikaner — etwa 60% der Gesamttonnage — beantworten die Vorschriften fast geschlossen mit dem Boykott. Bereits nach wenigen Tagen[94]) muß King seine Maßnahmen durch eine andere Auslegung des Gesetzes praktisch wieder zurückziehen. Sein Versuch, die Frachtraten der Großen Seen zu kontrollieren, bleibt erfolglos[95]).

* * *

Kanada ist der Union wirtschaftlich unterlegen, — dennoch und gerade deshalb will Mackenzie-King (kaum schwächer als Borden und Meighen) die unabhängige nationale Entwicklung fördern.

Keine neue Nord-Süd-Bahnverbindung über die Grenze genehmigt die Regierung, getreu traditioneller Gepflogenheit[96]). Statt dessen wird die Hudson-Bai-Bahn weitergeführt (die Farmer dringen immer wieder auf beschleunigte Fertigstellung bis zum Endpunkt Fort Nelson[97]) und der Abtransport der Weizenernte über die pazifischen Häfen durch den Panama-Kanal nach Europa begünstigt[98]).

Dem Riesenprojekt der St. Lorenz-Regulierung, das die Seeschiffe weit über Montreal hinaus bis nach Buffalo, bis an die Niagara-Fälle tragen soll und die Frachtfrage der Prärieprovinzen (und nicht nur dieser!) lösen würde, — diesem internationalen Großschiffahrtsweg setzen Presse und Parlament in Ottawa den Plan eines rein kanadischen Kanalbaus von der Georgian-Bai des Huronen-Sees über die

---

[94]) 21. Oktober 1923. Round Table 53, 141 — Dez. 1923.

[95]) Diese beiden Absätze nach der ausführlichen Darstellung in Round Table 53, 137 ff. — Dezember 1923. Ähnliche Absichten werden auch späterhin mehrmals angekündigt und versucht, bleiben aber stets erfolglos. Times, 29. Februar 1924, 11. und 23. Februar 1925.

[96]) Hammann, 9, Vagts, 215.

[97]) Round Table 46, 394 — März 1922. Wirtschaftsdienst, 12. Juni 1925.

[98]) Die Hälfte von Kanadas Weizenexporten geht über amerikanische Häfen nach Europa. Round Table 52, 834 — September 1923. Kanadische Weizenverschiffung durch den Panamakanal ostwärts: 1/7. 1922—31/3. 1923 267 019 t; 1/7. 1923—31/3. 1924: 563 630 t. Weltwirtschaftl. Archiv, Januar 1926, 25 f. Vgl. dazu auch die Hoffnung auf stärkeren Verkehr der Pazific-Häfen mit Europa durch Einführung der 10 % Mehrpreference mit Getreide als Rückfracht. King, 23. Mai 1923. Journal IV, 543 f. — Juli 1923. Und die Einführung von Getreidevorzugsraten in den Westen ab Alberta zu gleichen Sätzen wie in den Osten bis Lake Superior im Herbst 1925. Wirtschaftsdienst, 9. Oktober 1925 nach Times, 5. Oktober 1925.

die Hauptstadt nach Montreal entgegen [99]). Kings Vertreter in den technischen, wirtschaftlichen und juristischen Kommissionen des „St. Lawrence Deep Waterway“ üben eine Zurückhaltung, die kaum mehr überboten werden kann, und schon jahrelang dauern die Verhandlungen ohne das geringste praktische Ergebnis [100]).

Doch wie nur amerikanisches Kapital die Papiermühlen Britisch-Kolumbiens aufbauen konnte (siehe Seite 21 [101]), so wäre auch hier New York der einzige Geldgeber der 250 Mill. $ für den einen oder den anderen Plan [102]).

* * *

Kanada braucht ländliche Einwanderer. Borden und Meighen versuchen nach dem Kriege nicht nur die zurückkehrenden Soldaten anzusiedeln [103]), sondern nehmen auch die fünf Jahre unterbrochene Propaganda in Europa wieder auf. Vor allem das Mutterland soll Siedler stellen, und England unterstützt diesen Wunsch durch die Vorbereitung einer großzügigen Organisation [104]).

Doch die Mehrzahl der neuen Einwanderer ist zur Farmertätigkeit ungeeignet und erhöht nur die Zahl der industriellen Arbeitslosen, die auch in Kanada besonders 1921 beträchtlich anschwillt.

Die liberale Opposition spart nicht mit ihrer Kritik [105]), und als das Parlament zu Westminster im Frühling 1922 das „Empire-Settlement-Act“ verabschiedet, da hat der Premier King die Einwanderung bereits auf eine neue Basis gestellt: Nur Bauern, Landarbeiter und Hausangestellte werden geworben, daneben noch die Kindereinwanderung begünstigt. Dem Vorwurf mangelnder Rücksichtnahme auf das Mutterland hält der Minister of Immigration

---

[99]) „Dieser neue Kanal könnte allmählich den Löwenanteil des Verkehrs der großen Seen an sich reißen, und zwar nicht nur die gesamten kanadischen Getreide-, Fleisch- und Erzfrachten, sondern nebenbei 50 v.H. des Frachtverkehrs der Unionstaaten an den Großen Seen“. Hamilton, 51. „Hinter der wirtschaftlichen Frage steckt eine politische — für Kanada eine nationalistische, für das britische Weltreich eine imperialistische — Frage. Handelt es sich doch um eine rein britische Wasserstraße, vollständig unabhängig von der Union und vor jeder Unterbindung geschützt“. Ebendort, 50.

[100]) Round Table 55, 578 ff. — Juni 1924.

[101]) Times, 17. Mai 1924.

[102]) Die verschiedenen Kanalpläne ausführlich in Journal V, 337 ff. — April 1924, 512 f. — Juni 1924, Wirtschaftsdienst, 15. Mai 1925.

[103]) Round Table 34, 380 ff. — März 1919. Bis Mitte 1922 sind 21 394 Soldaten angesiedelt. Journal IV, 84. — Jan. 1923.

[104]) Sie findet ihren Niederschlag vornehmlich in der Gruppe der Reichssiedlungsgesetze, meist ab Mai 1922 wirksam.

[105]) Journal II, 297 ff. — April 1921.

and Colonisation, Steward, kühl entgegen: „Diese Leute sind die einzigen, die Kanada augenblicklich gebrauchen kann“ [106]). Zwar werden nur aus England Überfahrten unterstützt [107]), aber unter dem „Empire Settlement Scheme“ sollen bis zum Februar 1923 ganze 130 Menschen nach Kanada gekommen sein gegen 11 000 nach Australien und Neuseeland [108]).

King geht bald noch weiter im Ausbau seiner rein wirtschaftlichen Maßnahmen: Vom 30. Juni 1923 an wird die Einwanderung ehemals feindlicher Untertanen wieder erlaubt [109]) und zugleich die Werbung durch Beratung und Reklame auf dem europäischen Kontinent beträchtlich ausgebaut [110]). Die Statistik beweist den Erfolg:

Einwanderung	1922	1923	1924
aus England:	31 005	30 110	57 612
U. S. A.:	23 733	20 307	16 328
Festeuropa:	12 552	39 288	47 029 [111]).

Und während man im Vereinigten Königreich über Kanadas Untätigkeit klagt [112]), während von England fast

---

[106]) Ch. Stewart, 23. Mai 1922. — Die gesamte Einwanderungspolitik der Liberalen, auch die Ablehnung industrieller Arbeitsloser, ist in dieser Rede entwickelt. Kindereinwanderung 1921: 1 500. Journal III, 78 ff. — Okt. 1922. Desgl. Stewart am 13. März 1923. Journal IV, 516 ff. — Juli 1923.

[107]) Übereinkommen der Regierung mit den Reedereien, jedem Dritter-Klasse-Passagier von England 15 $ Nachlaß zu geben. Journal IV, 516 ff. — Juli 1923, VI, 88. — Jan. 1925.

[108]) Konservative Anfrage im Parlament am 27. Febr. 1923. Die Regierung bestritt die Behauptung nicht. Journal IV, 309. — April 1923. Nach Vagts, 213, wanderten unter dem „Empire Settlement Act“ vom 31. Mai 1922 bis 28. Mai 1924 nach Kanada 7 957 Personen aus.

[109]) „Immigration Amendment Act“ Journal V, 81 — Jan. 1924. Zu gleicher Zeit hebt das „Naturalisation Acts (1914 and 1920) Amendment Act“ von 1923 das zehnjährige Naturalisationsverbot für Fremde (Sect. 7 des Naturalisation Act of 1920) wieder auf. Journal IV, 824 ff. — Okt. 1923.

[110]) Der Governor-General 31. Jan. 1923: Beratung und Reklame würde überall dort eingerichtet werden, wo brauchbare Siedler zu erlangen seien. Journal IV, 267. — April 1923. King, 28. Febr. 1924: Wir haben Büros in Europa und England eingerichtet und sehen jetzt den Erfolg. Journal V, 304 — April 1924. Siehe auch Darstellung der Einwanderungspropaganda in Round Table 51, 619 f. — Juni 1923. Mit den Eisenbahnen wird dabei weitgehend zusammengearbeitet (siehe auch Wembley!) Wirtschaftsdienst, 22. Mai 1925.

[111]) Journal VI, 305 Anm. — April 1925. Die Angaben des Canada Year Book 1924, 169 ff., differieren davon nicht unbeträchtlich, weisen insbesondere höhere englische und niedrigere festeuropäische Einwanderungszahlen auf.

[112]) Times, 19. April 1923, die insbesondere auch die Werbung in Wembley vermißt.

mehr getan wird, einen Teil des Auswanderungsstroms nach Kanada abzulenken, als vom Dominion selbst[113]), — indes erklärt King in einem Interview in London: „Wir brauchen Einwanderer und wünschen soviel wie möglich von englischem Blut, aber ihr Kommen muß zu unseren wirtschaftlichen Erfordernissen in Beziehung stehen“[114]).

Die Reichsausstellung zu Wembley endlich umreißt mit nüchterner Deutlichkeit an auffallender Stelle die Bedingungen: „Who may apply? — Wer ist brauchbar? Vorhandene landwirtschaftliche Erfahrung ist sehr erwünscht, aber in Sonderfällen kann darauf verzichtet werden. Jeder jedoch muß bereit und fähig sein, schwer zu arbeiten und einfach zu leben“[115]). — — —

Kanada braucht ländliche Einwanderer. 500 000 neue Siedler samt Familien in den Prärieprovinzen würden vielleicht das Defizit der Staatsbahnen verschwinden lassen[116]). Aber King sieht sich einem Problem gegenüber, dessen Lösung ihm unmöglich bleibt: Jährlich wandern Zehntausende in die Vereinigten Staaten aus!

Für in Kanada Geborene besteht nach den Gesetzen der Union keine Quotenbeschränkung, und so lockt das mildere Klima, locken die günstigeren Lebensbedingungen Industriearbeiter und Landwirte über die Grenze in den Süden. 1923 waren es 181 000[117]), Meighen schätzt für 1922—24 die Gesamtzahl sehr stark übertrieben auf

---

[113]) Vagts, 213. Kanada wird „in seiner Einwanderungspolitik weit mehr von rein wirtschaftlichen als von imperialen Motiven bestimmt.“ Ebendort.

[114]) Mit einem Vertreter der Times. Times, 1. Okt. 1923. Ebenso auf der Reichswirtschaftskonferenz. Cmd 2009, 35 ff.

[115]) Im kanadischen Ausstellungsgebäude zu Wembley. Hier wurden nur in geringem Maße Einwanderer geworben, in weit stärkerem Umfang Vergnügungsreisende. Daneben erstrebte man den Absatz heimischer Produkte. Der einen Grundidee Wembleys, der Förderung des allseitig verflochtenen Wirtschaftsimperiums, wurde Kanada (im Gegensatz zu Australien, siehe Anm. [216]) nur in sehr geringem Maße gerecht.

[116]) Schätzung von Clifford Sifton (Minister des Innern unter Laurier) laut Round Table 47, 647/50 — Juni 1922. Defizit der Staatsbahnen, für 1919 bereits auf 80 bis 138 Mill. $ geschätzt (Round Table 43, 666 f. — Juni 1921, siehe auch 39, 661 — Juni 1920), erhöht sich 1920 um 6 527 243 $ (Journal III, 819 — Okt. 1922); 1921 um 16 220 335 $, 1922 um 9 736 318 $ (Journal IV, 556 f. — Juli 1923). Diese amtlichen Zahlen enthalten höchstwahrscheinlich nur die reinen Betriebsverluste ohne Zinsen und Amortisationen. — Für 1924 schätzt das Journal of Commerce, 14. Mai 1925 das Defizit auf 54,5 Mill. $ wegen der geringen westlichen Weizenernte. (Wirtschaftsdienst, 12. 6. 1925).

[117]) Amtliche Washingtoner Angabe, Journal VI, 311 — April 1925.

600 000[118]). Mögen es auch im jährlichen Durchschnitt nur 75—100 000 sein[119]), selbst dieser Verlust ist unersetzlich.

Steuerliche Begünstigungen, niedrige Frachtraten der kanadischen Bahnen, alle Mittel der Werbung in den Vereinigten Staaten bleiben wirkungslos. Die Abwanderung besteht fort, die Farmereinwanderung von Süden her versiegt[120]).

Die Stellung im Reich.

Die natürlichen Beziehungen drängen Seiner Majestät Dominion Kanada überall und immer wieder auf engere Verbindung mit den Vereinigten Staaten von Nordamerika hin. Handel und Verkehr, Kapital und Kultur, — es bleibt stets das gleiche Bild.

Und trotzdem müssen auch bei King, müssen bei der großen Mehrheit des Volkes die rein manchesterlichen Ideen und die rein materiellen Interessen gegen die „national policy" zurücktreten! Die Wirtschaft ist nicht das Schicksal[121]).

---

[118]) Times, 11. Febr. 1925.

[119]) Kanada führt keine Auswanderungsstatistik. Englische Zeitungen (Times, 29. Jan. 1925 u. a. m.) schätzen 30—60 000 jährlich, der Wirtschaftsdienst (22. Mai 1925) 75 000. Keferstein (Wirtschaftsdienst, 13. Febr. 1925) gibt folgende Zahlen: 1922: 62 289, 1923: 181 973, 1924 (1. Jan. bis 1. Juli): 96 825. 1910—19 wanderten 740 000 Kanadier in die Union aus. King laut Times, 11. Febr. 1925

[120]) Obwohl gerade King sich sehr um die Rückführung der Kanadier aus der Union bemüht. — 1. April bis 31. Okt. 1924: 30 966 „Rückwanderer" (?). Aber „Farmer and Farm Labourers" wanderten ein:

	Über den Ozean:	Von U. S. A.:
1923	11 370	6 380
1924	39 748	5 281

Canada Year Book 1924, 172 & 180. Absatz ausführlich in Round Table 42, 386 ff. — März 1921, 50, 388 ff. — März 1923, Wirtschaftsdienst, 22. Mai 1925.

[121]) Dibelius, 64, redet vom „maßlos entwickelten Selbstgefühl der Kanadier". Hammann, 18, betont, daß „das Vertrauen der Kanadier auf ihre eigene Zukunft so stark ist, daß ihnen nichts glorreicher erscheint, als sich selbst überlassen zu bleiben. Kanada sehnt sich eher nach vollständiger Unabhängigkeit bei Erhaltung der Freundschaftsbande oder eines Allianzverhältnisses mit Großbritannien"; und Vagts, 251, stellt fest: „Kanada ist mit seinem Willen in diesem Verbande. Würde allerdings London ihm heute sagen, es habe darin zu bleiben, so wäre es morgen vielleicht schon ausgetreten. Seine Freiheit bindet es allein."

Schließlich haben auch die U. S. A. z. Zt. kein allzu großes Interesse an wirtschaftlicher und politischer Annexion Kanadas: Ihre Industrien nehmen durch Zweigfabriken an der englischen Preference teil, ihre Landwirtschaft fürchtet die kanadische Konkurrenz und Republikaner wie Demokraten Erschütterungen ihrer Partei- und Machtverhältnisse durch den Anschluß. Vagts, 222. Commercial u. Financial Chron. N. Y., 1. Jan. 1921.

Der „Wille zur Nation“ wird — ungewollt — zum vielleicht stärksten Faktor, der Kanada an das Reich bindet.

* * *

Aber Reichspolitik als Bereitschaft zu verantwortlicher Anteilnahme, als Mitarbeit an den Aufgaben des Imperiums? Sie ist nicht vorhanden[122]).

In London behauptet man, die tatsächlichen Ursachen verkennend: „Nirgends gab es je eine größere Zahl denkender Menschen, die — ohne es vielleicht zu wissen — außenpolitisch Fatalisten waren“[123]). Zweckmäßigkeit, kühle Nüchternheit leiten Mackenzie-Kings Reichspolitik: „Canada first!“

Die Vorbedingung ist verwirklicht, die Autonomie im „Britannic Commonwealth of Nations“ (King) ist wirtschaftlich und politisch formell erreicht. (Siehe auch Kap. Verfassungspolitik). Auch die tatsächlichen Verhältnisse dem erstrebten Ziel anzugleichen, das wird für den liberalen

[122]) „Kanada ... befindet sich in einer sehr anderen Lage (als Australien und Neuseeland) .... Die Abwesenheit irgendeiner Gefahr, der nur durch britische Hilfe begegnet werden kann, ... ermutigen in Kanada ein Gefühl der Autonomie und eine Abneigung, irgendwelchen tätigen Anteil an den Angelegenheiten des Reichs zu nehmen.“ Keith, Costitution 313. Man vergleiche dazu auch die geringen Verteidigungsausgaben und ihre Begründung: „Die deutsche Flotte ist vernichtet, von anderer Seite drohen infolge des Vier-Mächte-Abkommens keine Gefahren. ... Deshalb werden die Verhältnisse des Finanzministeriums und der Steuerzahler maßgebend.“ (King, Journal III, 590 — Juli 1922). „Jede neue Eisenbahnschwelle, jede neue Ackerfurche stärken das Reich“ (Crecar, ebendort, 592). Siehe auch Journal II, 836 — Okt. 1921, IV, 314 — April 1923, IV, 549 — Juli 1923, V, 770 — Okt. 1924. Und die Entschuldigung dafür durch die Round Table: Kanada ist gegen die U. S. A. arm und dennoch widersteht es der Vereinigung, nimmt Lasten auf sich, um die nationale Selbständigkeit zu wahren. „This factor should be taken in account in commenting on the meagre contribution to Imperial defence.“ Round Table 59, 569 ff. — Juni 1925. Kings Reden und Handeln auf der Reichskonferenz wird in Kanada kaum angegriffen. Times, 6. Nov. 1923. In „The reluctance of Canada to co-operate in foreign affairs“: „The volume of opposition to co-operation appears to increase with the growth of interest in foreign affairs ... the British aspect of Imperial foreign policy ... diverges furthest from Canadas (though not perhaps from Australias) obvious interest“, würden viele Kanadier sagen. Round Table 58, 360 ff. — März 1925. „Apart from this episode (einer kleinen konservativen Anfrage) Imperial and international problems have been treated with a dignified but regrettable silence“. Round Table 59, 568 — Juni 1925. Wie sehr Reichsfragen z. B. aus wahltaktischen Gründen von Liberalen wie Konservativen (!) (und ebenso den Farmern) mit Stillschweigen übergangen werden, darüber vergleiche den Artikel zur Neuwahl (29. Okt. 1925) in New Statesman, 3. Okt. 1925, 688 ff.

[123]) Round Table 32, 832 — Sept. 1918.

Premier die Hauptaufgabe. Es ist erfolgreich und erfolglos, und vielleicht unterscheiden nur Art und Stärke seiner Anstrengungen ihn von seinen Vorgängern und Nachfolgern [124]).

* * *

Autonomie im Reich, mit allen Konsequenzen! Aber solange das Imperium eine Macht darstellt, wird das Dominion Kanada reichstreu sein und bleiben!

---

[124]) Die positive Ergänzung dazu ist die deutlich hervortretende „Kolonialpolitik". Schon die konservative Regierung Meighen schließt am 3. Aug. 1920 ein Zollübereinkommen mit den Westindischen Inseln auf 10 Jahre, das am 10. Mai 1921 in Kraft tritt und den ersten Vertrag von 1912 stark erweitert. Danach gewährt Kanada 50 % Vorzug auf den Generaltarif (außer Tabak, Spirituosen und einigen unbedeutenden Waren — Zucker hat den Hauptvor eil), die Inseln 10—50 %. Die Regierung des Dominions garantiert einen 8- bzw. 14 tägigen Dampferdienst und verspricht, Kabelverbindungen einer wohlwollenden Prüfung zu unterziehen. Canada Year Book 1922/23, 87; Journal III, 76 — Jan. 1922, II, 813 ff. — Okt. 1921; VI, 65 ff. — Jan. 1925; Knowles, 37 f.; Round Table 40, 891 f. — Sept. 1920. Siehe auch das Gegenseitigkeitsabkommen über Staatsaufträge und den Plan einer Radio-Verbindung. Cmd. 2009. — Sich immer wiederholende Pläne auf engere staatsrechtliche Bindung (siehe Canada-West India-Magazine) finden in England mehr Widerstand als auf den Inseln. — Vgl. aber auch den erfolgreichen Einfluß (Wirtschaftsimperialismus!) der U. S. A.! (Ähnlich Australien: Papua seit 1906, Mandat über Deutsch-Neu-Guinea, das Bismarck-Archipel und die Phosphatinsel Nauru, und Streben nach größerem Einfluß auf dem Kondominium der Neuen Hebriden. — Journal V, 87 — Jan. 1924). Vgl. auch Anm. 241 (Südafrikanischer Imperialismus).

Australien.

Land und Volk.

Das Commonwealth of Australia ist ein leeres Land. Um Perth, um Adelaide und längs der Südostküste sammelt sich die überwiegende Mehrheit der $5^1/_2$ Millionen Menschen, die diesen Kontinent von fast der Größe Europas bevölkern.

Große, fast regenlose Steppen herrschen vor, nur die Insel Tasmanien, die Ost- und die tropische Nordküste haben genügende Niederschlagsmengen. Murray und Darling sind die einzigen bedeutenden Flüsse.

Durch weite Entfernungen von der alten Welt getrennt, entstehen hier extensive Wirtschaften: 80 Millionen Schafe, auf Wollerzeugung hochgezüchtet, werden von Perth aus, von Adelaide und Melbourne bis Sidney und Brisbane ins Land hineingetrieben. Große artesische Becken begünstigen diese Möglichkeit, aber immer wieder bedrohen Dürren die Herden. 15 Millionen Haupt Rindvieh, auch Pferde treten in den gleichen Gebieten und in fast ganz Queensland hinzu. Die Fleisch- und Milchindustrie entwickelt sich, von gefrorenen Hammel- und Ochsenvierteln bis zu Dosenfleisch und Butter werden die Erzeugnisse exportiert.

Weizen ist die Hauptfrucht des Ackerbaus. Zwischen Geraldton und Albany in Westaustralien, auf Tasmanien, längs der Küste Südaustralien und in einem 100 Meilen breiten Streifen durch Victoria und Neu-Süd-Wales werden in maschinellen Großbetrieben Ernten erzielt, die in guten Jahren weit über den heimischen Bedarf hinausgehen. Zuckerrohr im nördlichen Queensland, Mais, Hopfen auf Tasmanien, Obst und Wein in intensiver Kultur in den regenreichen Küstenstrichen und in den Gebieten künstlicher Bewässerung (Murrumbidgee, Murray-Projekt) vervollständigen das Bild von Erzeugung und Ausfuhr.

Gold, einst das Hauptziel aller Auswanderer, tritt mehr und mehr an Bedeutung zurück. Kohle, auch Silber, Blei und Kupfer werden gewonnen, Eisen aber findet sich weder in reichen Lagern noch in günstiger Lage. Dennoch erstreckt sich das Streben nach industrieller Entwicklung nicht nur auf die Weiterverarbeitung heimischer Rohstoffe und die Herstellung inländischer Konsumgüter, sondern auch auf Produktionszweige, die stets nur künstlich gehalten werden können, wie Werften für Stahlschiffe[125]).

* * *

In fünfzigjährigen Kämpfen der Arbeiter gegen die Minenbesitzer, Großschafzüchter und Bodenspekulanten wurde der Ausschluß aller Farbigen erreicht — auch für den tropischen Norden! — und so der Grund für die heute traditionelle „Weißes-Australien"-Politik gelegt[126]), dazu der Preis der Arbeit auf eine Höhe gebracht, die den Beruf des Industriearbeiters erstrebenswert erscheinen läßt.

Sozialismus und Technik führen deshalb zur weitgehenden Mechanisierung aller ländlichen Tätigkeit; — und in den Städten sammelt sich fast zwei Drittel der gesamten Bevölkerung[127])! Ursache und Wirkung dieser Erscheinung im überwiegenden Agrarland ist die Bereitwilligkeit der Arbeiter zum Protektionismus: Industrieentwicklung ist nötig, um den Lohndruck zu vermeiden, und Schutzzölle gewähren sie und ermöglichen zugleich hohe Löhne[128]).

Vom Staat wird weitgehendste Einwirkung auf die Wirtschaft verlangt. Für Sträflingsverproviantierung in den frühsten Zeiten der Besiedlung, für Minimallöhne, Konsumentenschutz und die letzten Schiffahrts- und Bewässerungsexperimente tragen das Commonwealth und seine Glieder die Verantwortung[129]). Die überwiegende Mehrheit der Bevölkerung erfreut sich „einer satten Massenkultur ohne höhere Ziele als die allgemeine angelsächsische Sportbegeisterung"[130]).

Australien ist zu 98 % britisch. Aber obwohl an das Mutterland Zollbevorzugung gewährt wird (die jedoch die heimische Industrie nicht beeinträchtigt), obwohl der Kontinent infolge seiner weitverstreuten Küstenbesiedlung

---

[125]) Abriß der Wirtschaftsverhältnisse nach Yearbook 1923, Schachner, Manes, Kreuzkam, Hassert, Knowles, 47 ff., Round Table 39, 676 ff. — Juni 1920, Wirtschaftsdienst, 15. Mai 1925.

[126]) Die Konkurrenz der Chinesen und Inder in den Minenbezirken brachte die Forderung des „weißen Australien".

[127]) 1921 wohnten 62,6 % der Bevölkerung in den Städten! Hassert, 65. In den fünf Hauptstädten des Festlandes leben allein 2 520 652 Menschen bei 5 749 807 Gesamtbevölkerung. Yearbook 1924, 899.

[128]) Zu Sozialismus und Protektionismus vgl. insbesondere Kreuzkam, 67 ff. (Autarkiestreben), Schachner 83 ff. (Sozialpolitische Gesichtspunkte beim Zolltarif), Dibelius, 89.

[129]) U. a. Weltwirtschaftl. Nachr. 12. Juli 1922. Man vgl. dazu auch die kostspieligen Landrückkäufe der Regierung, um neue Siedlungsmöglichkeiten zu schaffen. Schachner, 78, Manes, 10 ff.

[130]) Dibelius, 90.

nicht den Schutz durch die britische Flotte entbehren kann, tritt trotzdem bei großen Teilen der Bevölkerung die Anteilnahme am Imperium und an jeder äußeren Politik stark zurück[131]).

Man ist zufrieden mit dem bescheidenen Maß von Glück[132]). — Kraftbewußtsein und Machtstreben? „Gott bewahre uns vor Imperialismus und Dollar-Diplomatie[133])!“

* * *

Doch schon die Wirtschaftsbeziehungen weisen auf die Verbindung mit dem Mutterlande hin. Als Hauptabnehmer der Rohstoffe, als Hauptlieferant der Fabrikate hat Großbritannien, durch das Dominion unterstützt, sich den stärksten Anteil am Handel des Commonwealth zu bewahren gewußt:

	Ausfuhr aus Australien.	Einfuhr nach Australien
	(1921/22 in Mill. austr. £)	
England	57,7 = 45,2%	53,0 = 51,4%
Imperium	21,8 = 17,1%	13,0 = 12,6%
U. S. A.	8,3 = 6,5%	18,8 = 18,3% [134]).

Die Hälfte der Wolle, zwei Fünftel des Weizens, für 7. Mill. £ Butter bezog das Vereinigte Königreich 1921/22; zwei Drittel der Textilien, über die Hälfte der Maschinen und Metallwaren lieferte es dafür[135]).

Ausfuhr des Commonwealth 1921/22:		Einfuhr	
Wolle	47,9 = 39,0%	Textilien	32,5 = 31,5%
Fleisch u. Meiereierzeugn.	16,4 = 13,3%	Metallwaren u. Maschinen	22,5 = 21,8%
Weizen	28,6 = 23,2%	Öle usw.	5,1 = 5,0%
Mais	5,2 = 4,2%	Holz usw.	3,0 = 2,9%
Gold	4,0 = 3,2%	Papier usw.	4,9 = 4,8%
Erze u. Metalle	3,8 = 3,1%	Chemikalien	3,6 = 3,5%
Gesamtausfuhr:	123,5 Mill. £.	Gesamteinfuhr:	103,1 Mill. £. [136])

[131]) Vgl. hierzu besonders Round Table 54, 376 ff. — März 1924. Anstey, Labour: „We say that there shall be no further participation by Australia in foreign affairs“. Ebendort, 379. Zum ganzen Abschnitt ausführlich die Literatur wie in Anmerkung 125. Die geringe Wahlbeteiligung (1922 nur 57,9 %; die Regierung führt deshalb Geldstrafen ein — Journal V, 830) zeigt die allgemeine Uninteressiertheit.

[132]) Schachner, 62.

[133]) Charlton, Bundesarbeiterführer, nach Round Table 55, 607 — Juni 1924. Ebenso Anstey (Labour). Journal V, 809 — Okt. 1924.

[134]) Yearbook 1923, 227 ff.

[135]) Englische Haupteinfuhr 1921/22: Kleidung, Textilien usw. 21 537 704 £, Maschinen und Metallgegenstände: 12 454 671 £., daneben

Parteien und Führer.

Vor dem Kriege ist der australische Parteigegensatz Labour-Antilabour. Als der sozialistische Premier Andrew Fisher am 27. Oktober 1915 in William Morris Hughes seinen Nachfolger findet, da stehen alle Arbeitergegner von Industriellen bis zu Großfarmern geschlossen als Liberale Partei in der Opposition.

Der neue Ministerpräsident, 1864 in Wales (Großbrit.) geboren, ist schon seit 1894 in Australien parlamentarisch tätig. Anfangs Abgeordneter, wird er 1904 Minister für äußere Angelegenheiten, 1907 Vertreter des Commonwealth auf der Schiffahrtskonferenz in London und bekleidet seit 1910 den Posten des Attorney-General (Generalstaatsanwalt)[137]. Extrem-sozialistischer Herkunft, erweist er sich im Kriege bald als überzeugter Imperialist.

Im Herbst 1916 wird die Frage der Wehrpflicht brennend; die Mehrheit der Regierungspartei lehnt sie ab. Hughes aber erzwingt einen Volksentscheid, bleibt mit 1 080 000 gegen 1 140 000 Stimmen in der Minderheit, wird aus der Partei ausgeschlossen und tritt zurück. Doch sogleich bildet er mit dem Rest seiner Anhänger die „nationale Arbeiterpartei", gewinnt die Liberalen und vereinigt sich mit ihnen zur „Nationalistenpartei". Auf diese neue Mehrheit gestützt, führt er seine Kriegsmaßnahmen durch. Staatliche Weizen- und Wollpools werden errichtet, eine Commonwealth-Schiffahrtslinie geschaffen. Noch einmal soll die Dienstpflicht Australiens Reichshilfe krönen, doch auch im zweiten Referendum vom Dezember 1917 unterliegt Hughes, diesmal mit 180 000 Stimmen[138].

Aber er bleibt Regierungsleiter, und obwohl er in seinen kollektivistischen Bestrebungen, seinen Steuerplänen und seiner wenigstens theoretischen Arbeiterfreundlichkeit den privatkapitalistischen Verbündeten verdächtig bleibt, so können diese ihm keine führende Persönlichkeit entgegenstellen und stimmen in der Betonung der Reichstreue wie in der praktischen Politik überwiegend mit ihm überein[139].

Garn, Eisen und Stahl, Papier, Chemikalien usw. — Hauptausfuhr nach England: 1921/22: Wolle: 23 013 128 £, Weizen: 11 774 132 £, Butter: 6 921 654 £, daneben Gefrierfleisch, Käse, Früchte, Häute, Leder usw. Yearbook 1923, 231.

[136] Zahlen nach Yearbook 1923, 244 ff.

[137] Who's who in the C. 229.

[138] Weizenpool 1915—1919/20, Wollpool 1916—1919/20. Absatz nach Empire Review, Nr. 289, Febr. 1925; Manchester Guardian, 16. Juni 1918; Round Table 41, 187 ff. — Dez. 1920; Round Table 46, 405 ff. — März 1922.

[139] Absatz besonders nach Manes, 23. Jan. 1920.

Der Kriegsfanatiker beseitigt restlos die feindliche Konkurrenz und predigt den Wirtschaftskrieg nach dem Kriege, er propagiert einen Chamberlainschen Zollverein und gemeinsame Siedlungspläne von Mutterland und Dominien, die britische Flotte ist ihm das einzige wirksame Mittel zur Aufrechterhaltung der „Weißes-Australien"-Politik.

Diese Ideen, extrem und vielleicht undurchführbar, machen Hughes zu einem der populärsten Männer der Londoner Öffentlichkeit während der letzten Kriegsjahre.

Seinen australischen Landsleuten aber, denen riesige Gewinne aus ihren Lieferungen an England zuflossen, verspricht er die Förderung und den allseitigen Ausbau der heimischen Industrien, englische Vorzugszölle auf Fleisch und Weizen, die Schaffung einer nationalen Handelsflotte [140]).

Seine Landung in Perth am 22. August 1919 nach fast 1½jähriger Abwesenheit und seine Fahrt durchs Land gleichen dem Empfang eines römischen Triumphators [141]).

* * *

Beide Parteien, Anhänger wie Gegner, lieben den Premier jetzt gleich wenig. Rücksichtslos beginnt er seine persönliche Macht im Kabinett einzusetzen, mißachtet er das Parlament. Doch bereits die Neuwahl vom 13. Dez. 1919 zeigt ihm die Unsicherheit seiner Stellung: Jetzt, da die gemeinsame Gefahr der Kriegsjahre überwunden ist, trennen sich die ländlichen Mitglieder der Nationalisten, die ihre Interessen zu mangelhaft berücksichtigt glauben, als neue Farmer-Partei ab [142]).

Die zahlreichen mittleren und kleinen Siedler, die zu den Großunternehmern hinzugekommen sind, erstreben mit mehr Aussicht auf Erfolg als jene den Abbau der Zollschranken, zum mindesten für landwirtschaftliche Maschinen und Geräte. Ermäßigung der Landbesteuerung, Beseitigung

---

140) Zu den Hughes'schen Reichs- und Wirtschaftsplänen (die letzten drei Absätze) siehe neben „The Day and After" ausführlich Hughes im Parlament. Journal IV, 847 ff. — Okt. 1923; daneben Manes, 31 ff. u. 23. Jan. 1920; Round Table 41, 187 ff. — Dez. 1920. Das Einfuhrverbot ehemals feindlicher Waren wird erst am 1. August 1922 (Farbstoffe ausgenommen) (Times, 17. Juni 1922), die Meldepflicht der Fremden erst Ende 1923 aufgehoben. („Alien Registration Repeal Bill" — Journal V, 90 — Jan. 1924). Zu den Kriegsgewinnen der Australier siehe u. a. Round Table 44, 931—39 — Sept. 1921.

141) Round Table 37, 179 — Dez. 1919.

142) Zu Hughes' Autokratie, seiner Unbeliebtheit im Parlament und der parlamentarischen Neuordnung Times, 27. Aug. 1919, 14. März 1921, Round Table 37, 178 ff. — Dez. 1919.

der städtischen Zwangsschiedsgerichte mit ihrer übertrieben sozialen Einstellung sollen die Bedingungen des platten Landes weiter denen der Städte anpassen.

Die „Federal Country Party" tritt so in Gegensatz zu den Industrievertretern, die die Mehrheit der Nationalisten darstellen. Hochschutzzoll wird hier verteidigt, zur Förderung der heimischen Industrien gleichermaßen wie zur Niedrighaltung der direkten Steuern[143]). Die Verurteilung der verlustbringenden Commonwealth-Schiffahrtslinie ist eine weitere Meinungsverschiedenheit mit den Farmern, die sie wegen der dadurch erhofften billigen Frachtgelegenheiten nur schwer aufgeben wollen.

Beide Parteien gehen aber in der Ablehnung aller sonstigen staatlichen Wirtschaftstätigkeit und -kontrolle zusammen; sie stimmen in der Förderung der Reichsbande überein, da nur diese Verbindung und die Verstärkung der eigenen Land- und Seestreitkräfte ihnen ein „weißes Australien" zu verbürgen scheint; sie ermutigen jegliche britische Einwanderung unter der Voraussetzung, daß England und das Imperium Absatzmöglichkeiten für die dadurch bedingte Mehrproduktion schaffen.

In jeder dieser Fragen ist die Arbeiterpartei der gemeinsame Gegner. Zwar ist sie bereit, die genossenschaftlichen Bestrebungen der Farmer zu fördern, zwar begrüßt sie die Staatsschiffahrt, aber sie sieht darin nur Anfänge eines weitergehenden Staatseinflusses und sozialistischer Organisationsformen. Zwar huldigt sie dem Schutzzoll wie die Nationalisten, aber zugleich erstrebt sie „antikapitalistische" direkte Besteuerung. Die Gewerkschaften, unter derem Einfluß die Parlamentsfraktion trotz immer wiederholter Auflehnung steht[144]), beharren auf einem „weißen Australien", aber sie widersetzen sich der militärischen Dienstpflicht, sie grollen den Ausgaben für See- und Landverteidigung und sie weisen die Ideen eines Reichsbundes (Imperial Federation) höhnisch zurück, obwohl selbst sie Reichszollbevorzugungen nicht abgeneigt sind[145]). Ihre

---

[143]) Einnahmen des Commonwealth 1922/23: Zölle: 36 Mill. £, Einkommensteuer: 11, sonstige Steuern: 3, Post, Telegraph usw.: 10, Staatsbank u. a.: 4. — Doch erheben auch die Staaten direkte Steuern. Journal VI, 118 ff. — Jan. 1925.

[144]) Siehe dazu Round Table 37, 165 ff. — Dez. 1919, 39, 666 ff. — Juni 1920.

[145]) Bruce verquickt im Frühjahr 1924 (26. März ff.) die Entschließungen der Reichskonferenz betreffend Reichverteidigung und Preference, um den Arbeitern, die diese seine Gesamtresolution ablehnen, mangelnde Förderung der Reichshandelsbeziehungen vorwerfen zu können. Doch die Arbeiterführer bekennen sich mit allem Nachdruck zur Reichszollbevor-

Forderung ist vollkommene Selbstregierung für Australien; genügender Schutz gegen jegliche Gefahr scheint ihnen der Völkerbund [146]).

* * *

Noch sind die Ideen des Krieges stark genug, um bei der Dezemberwahl 1919 die Arbeitermandate kaum zu vermehren. Doch die Farmer sind um so erfolgreicher:

Nationalisten:	39	vorher	49
Farmer:	10	„	3
Arbeiter:	26 [147])	„	23 [148])

Noch hat Hughes die Mehrheit, und der neue Zolltarif vom 25. März 1920 mit seinem betonten Ziel der Industrieförderung [149]) verwirklicht die Absichten des Premiers. Doch bald schon erhalten die Farmer von Nationalisten und Arbeitern Zuwachs, und der Ministerpräsident sieht sich auf ihre stille Unterstützung angewiesen [150]).

Dennoch verzichtet der ehrgeizige Walliser nicht auf die autokratische Diktatur als verantwortlicher Leiter des „Commonwelth of Australia". Aber die Probleme der Steuer-

---

zugung. Statt Großkampfschiffen fordert die Labour-Party Luftstreitkräfte und Unterseeboote. Journal V, 565 ff. — Juli 1924, V, 787 ff. — Okt. 1924; Times, 21. Mai 1924. Der Arbeiterparteitag spricht sich jedoch gegen Ausdehnung der Preference ohne Gegengabe aus. Times, 3. Nov. 1924.

146) Wesen und Programme der drei Parteien sehr ausführlich in Empire Review, Febr. 1925, 146 ff. Ebenfalls ausführlich in den Budgetdebatten, Journal V, 118 ff. — Jan. 1925; daneben Journal I, 509 f. — Juli 1920, IV, 842 ff., — Okt. 1923; Round Table 50, 415 ff. — März 1923. Auszug der Wahlaufrufe in Times, 6. Nov. 1919. Die Arbeiterpartei ist z. T. ausgesprochen gegen Einwanderung, im übrigen gegen den Zuzug unbrauchbarer Elemente. Round Table 46, 417 f., — März 1922, Journ. IV, 842 — Okt. 1923. Ebenfalls lehnt sie Londoner Minister ab und ist überhaupt für Zurückhaltung vom Reich; ebendort und Round Table 55, 607 — Juni 1924. Wie sehr von ihnen der Nationalismus gegenüber der Reichsidee betont wird, zeigen die Worte des sozialistischen Premiers Deakin Mai 1906 in Sidney: „Errichtet Zollmauern, weckt schlummernde Gewerbe, ... vertraut euch selbst, seid stolz in euch, setzt in Geschäft, Vergnügen und Politik Australien an die erste Stelle, dann schafft ihr ein Australien für die Australier!" Schachner, 86, und ebenso sehr die Antwort Charltons (Arbeiterführer) 1923 im Parlament auf Bruce's Äußerung, er wolle „home" gehen zur Reichskonferenz: „Where is this home? Our home is Australia. We ought not to use these English sentiments in this Parliament!" Times, 21. Juni 1923; siehe auch Times, 26. Juli 1923, Manes, 14 ff.

147) Round Table 39, 665 — Juni 1920.

148) Times, 15. Dez. 1919.

149) Hughes dazu: „To protect industries born during the war and to encourage others that are desirable and will diversify and extend existing ones." Journal of Commerce (N. Y.), 8. Juni 1920.

150) Journal I, 509 f. — Juli 1920. Times, 14. März 1921.

lasten, der Staatsschiffahrt und der Lohnherabsetzungen löst Hughes nicht[151]). Als er über den Kopf seines Finanzministers W. A. Watt hinweg in dessen Verhandlungen in London eingreift, findet der Premier zum erstenmal offenen Widerstand. Watt tritt zurück[152]).

Die neue Bundeswahl vom 16. Dezember 1922 bringt die Entscheidung:

Nationalisten:	27	vorher	37
Farmer:	19		14
Arbeiter:	29	„	24[153]).

Keine der Parteien besitzt die Mehrheit, aber die Klärung der Interessen- und Machtverhältnisse hat weitere Fortschritte gemacht.

Eine Forderung ist allen Gruppen gemeinsam: „Hughes must go!" Selbst Nationalisten gingen mit dieser Parole in den Kampf, jetzt stellt die Landpartei offen das Verlangen als Vorbedingung ihrer Teilnahme an einem Koalitionskabinett[154]). Noch erreicht der Premier, daß nicht sein Widersacher Watt, sondern der junge Finanzminister Stanley Melbourne Bruce mit der Bildung des neuen Kabinetts beauftragt wird, dann bleibt ihm nur erbitterte, doch machtlose Opposition[155]).

Statt des leidenschaftlichen, glänzenden Redners, dessen Angriffe oft genug seine Gegner persönlich verletzten, kommt nun der stets ruhige, sachliche Sprecher[156]). Auf den Politiker folgt der Kaufmann. In Australien geboren, studierte er in Oxford, kämpfte als Freiwilliger in Frankreich und kehrte nach schwerer Verwundung in das Familiengeschäft, ein großes Melbourner Importhaus, zurück. Seine Vorsicht und sein gesunder Geschäftssinn, die überlegene Darstellung und Ausführung seiner Maßnahmen bringen ihn mit erst 38 Jahren nach kaum fünfjähriger Tätigkeit als Abgeordneter und Minister an die Spitze des Commonwealth[157]).

* * *

---

151) Round Table 42, 408 ff. — März 1921, 45, 174 ff. — Dez. 1921, 47, 672 ff. — Juni 1922.

152) Times, 9. und 19. Juni 1920.

153) Journal IV, 94 — Jan. 1923, Times, 5. Febr. 1923.

154) Persönliche Gegnerschaft gegen Hughes wie seine Hochschutzzollpolitik bedingten bei der Landpartei diese Forderung gleichermaßen. Times, 20. Dez. 1922, Round Table 49, 181 — Dez. 1922, 51, 634 ff. — Juni 1923.

155) Times, 2. Jan. 1923.

156) Manchester Guardian, 28. Sept. 1923.

157) Abgeordneter seit 1. Mai 1918, wurde Bruce am 21. Dez. 1921 Finanzminister im Hughes-Ministerium. Journal III, 89 — Jan. 1922. Lebensdaten und Persönlichkeit nach Who's who in the C., 553 f. Times,

Gemeinsam mit dem Führer der Farmer Dr. Earle Page, seinem Stellvertreter und Finanzminister, muß Bruce jetzt eine brauchbare Regierungspolitik aufbauen. Nach formeller Eröffnung vertagt er sofort das Parlament, um diese Aufgabe zu lösen.

Die beiden Hälften des Koalitionskabinetts stimmen in ihren Interessen und Ideen fast nur auf außenpolitischem Gebiet überein [158]). Darum sollen jetzt England und das Imperium die Lasten von Industrieschutz und Landwirtschaftsförderung Australiens tragen! Zollbevorzugungen der heimischen Urproduktion auf den britischen Märkten werden die Farmer befriedigen, Verstärkung des Protektionismus die Industrie fördern. Bereitwilligkeit zu großzügiger Siedlungspolitik, Begünstigung des Reichshandels, aktive Teilnahme an den gemeinsamen Verteidigungsaufgaben sollen die Gegengaben an das Mutterland sein [159]).

Aber „wir wollen national denken, sehen und handeln!" (Bruce [160]). Nicht imperialistische Ideen bedingen diese Politik, sondern australischer Egoismus. Der Zwang äußerer Verhältnisse und innerer Parteikonstellationen führen zu diesen Forderungen, mit denen Bruce schon nach einem halben Jahr auf der Reichs- und Reichswirtschaftskonferenz 1923 den englischen Tories so weit entgegen zu kommen scheint!

Wirtschaftspolitik.

Während des Krieges hatte England den Dominien Vorzugsbehandlung ihrer Erzeugnisse zusagen müssen: „Each part of the Empire . . . shall give specially favourable treatment and facilities to the produces and manufactures of other parts of the Empire" [161]).

---

3. Febr. 1923, 6. Okt. 1923, Manchester Guardian, 28. Sept. 1923, Round Table 53, 151 f. — Dez. 1921.

[158]) Empire Review, Febr. 1925, 146 ff. Times, 31. März 1923. Die Gegensätzlichkeit der beiden „Hälften" des Kabinetts (sechs nationalistische gegen fünf Farmer-Minister; stimmen jedoch diese letzteren geschlossen gegen einen Beschluß, so gilt er als abgelehnt — Page hat inoffiziell gleiche Rechte mit Bruce) tritt in den Fragen praktischer Wirtschaftspolitik immer wieder hervor, besonders in Zollpolitik, Landwirtschaftsförderung und Industrieschutz. Deutsche Allgem. Ztg., 3. Mai 1924, British Austral. a. N. Z., 28. Mai 1925. Auch der „Pakt" der Parteileiter, in gefährdeten Wahlkreisen nur einen Kandidaten der Arbeiterpartei entgegen zu stellen, gerät mehrmals in Gefahr, da die Farmer sich benachteiligt glauben, und es erscheint ungewiß, ob er zu den Neuwahlen wirklich durchgeführt wird. Times, 30. Mai 1924, 22. Juli, 7. Aug. 1924; Empire Review, Febr. 1925, 289.

[159]) Round Table 51, 634 ff. — Juni 1923. Ebenso und noch deutlicher in seinen Forderungen Page Times, 19. März, 6. Okt. 1923.

[160]) Round Table 51, 638 — Juni 1923.

[161]) Cd. 8566, 114.

Im Budget von 1919 tut der Finanzminister Austen Chamberlain [162]) den ersten Schritt zur Verwirklichung dieses Versprechens, ohne das Freihandelsprinzip zu durchbrechen: Auf die bestehenden Finanzzölle auf Tee, Zucker, Spirituosen, Tabak, Kakao, Kaffee, getrocknete und konservierte Früchte und Wein wird den Reichsteilen durchschnittlich $^1/_6$ Zollermäßigung gewährt [163]).

Zugleich erhalten die Glieder des Imperiums — ein Zugeständnis von noch geringerem praktischen Wert für Australien — $^1/_3$ „preference" auf den $33^1/_3$%igen Wertsatz der ‚McKenna"-Zölle, die im Kriege die Luxuseinfuhr beschränken sollten und Uhren, Filme, Motorwagen, Musikinstrumente usw. umfassen [164]).

Zwei Jahre später — Oktober 1921 — tritt das englische „Gesetz zum Schutze der Schlüsselindustrien" in Kraft, dessen erster Teil optische Gläser, chemische und physikalische Apparate, Wolfram usw., Magnete, synthetische organische Chemikalien (außer Farben) usw. mit $33^1/_3$ % Zoll belegt. Diesmal bleiben die Güter gänzlich zollfrei, wenn sie „have been consigned from and grown, produced or manufactured in the British Empire" [165]).

Mehr als grundsätzliche, theoretische Bedeutung haben die wenigsten dieser Bevorzugungen. Für Australien werden nur die Ermäßigungen auf Wein und Früchte in bescheidenem Ausmaß wirksam [166]).

* * *

---

[162]) Der Sohn Joseph Chamberlains. — Der wachsende Einfluß der Konservativen im Kabinett Lloyd Georges zeigt sich hierin. Deutsche Allgem. Ztg. 2. Dez. 1923.

[163]) Für die Dominien waren von Bedeutung und wirkten sich folgendermaßen aus: (31. März 1923—24)

Zollbetrag:	Voller:	Vorzugs-Satz:
Getrocknete Früchte (Australien und Südafrika)	826	102
Wein	3 314	55
Motorwagen und Teile (Kanada) .	1 039	397 (1 000 £)

Aus der vollständigen Liste in Journal V, 701 — Okt. 1924. Zur geringen Bedeutung für Australien siehe auch Times, 11. Nov. 1922.

[164]) McKenna-Zölle seit 30. Sept. 1915. — Am 1. Aug. 1924 hebt die Arbeiterregierung sie auf, doch im Budget Churchills von 1925 werden sie wieder in Kraft gesetzt.

[165]) Financial News, 6. Okt. 1921. Die Dauer von Teil I des „Industries Preservation Act of 1921" ist auf fünf Jahre beschränkt, Teil II dagegen (Antidumping-Gesetz, dessen Bestimmungen auch auf die Reichsteile unverändert anwendbar sind) hatte keine Zeitbegrenzung. Die Arbeiterregierung hebt Teil II zum 14. Aug. 1924 auf.

[166]) Zu Geschichte, Wesen und Bedeutung der englischen Reichszollbevorzugungen siehe insbesondere The Case for Free Trade — Ende

Jetzt kommt Bruce nach abermals zwei Jahren auf die Reichswirtschaftskonferenz 1923, um das zu fordern, was Hughes propagierte: brauchbare Gegenseitigkeit[167])! „Von der Gesamtheit der Dominien empfing Großbritannien etwa 10—11 Millionen £ in Form von Vorzugszöllen, von Australien allein 7 600 000 £ in 1922/23[168]).“ Und was tat England dagegen? „Ich wage zu behaupten, daß es der Entschließung von 1917 nur in sehr mäßigem Maße gefolgt ist[169]).“

„Unsere Fleischindustrie ist in der schweren Gefahr, in einer Weise reduziert zu werden, die den Interessen des ganzen Reiches sehr nachteilig wäre.“ Aber man muß, um den Reichshandel zu fördern, um die Überseesiedlung zu ermöglichen, um zu einer wahren Reichsentwicklung zu gelangen, ganz allgemein den englischen Markt für die Dominien sichern, wie wir in Australien unseren Markt für den britischen Fabrikanten sicherten. Mögen Importlizenzen, Subsidien, gleitende Tarife zweckmäßig sein, darüber mag eine Kommission beraten[170]), obwohl ich „vom rein australischen Standpunkt aus ganz freimütig feststelle, daß wir eine Lösung des Problems durch Schutzzölle auf Nahrungsmittel und Rohmaterialien mit Vorzugszöllen an die Dominien am liebsten gutheißen würden[171]).“

„Ich möchte jedoch vor allem Nachdruck darauf legen, daß, selbst wenn es Englands feste und entschlossene Politik

---

1923 (Sonderdruck aus dem „Economist"), und Klüver. Chamberlains Vorkriegsplan sah etwa 10 % Zoll auf Fertigfabrikate und niedrige Zölle auf landwirtschaftliche Erzeugnisse mit weitgehender Preference an die Reichsteile vor. Common Sense, 25. Juni 1921.

[167]) Bruce bereits im Frühjahr 1923 laut Times, 7. März u. 24. Mai 1923. Bruce, 24. Juli 1923 im Parlament: „Australia is certainly entitled to raise the question, whether the time has not arrived for giving preferencial tariff treatment to Australian products landed in Great Britain." Economist, 13. Okt. 1923.

[168]) Cmd. 2009, 61. Der Vorteil begünstigt vornehmlich folgende Warengruppen:

	Wert der engl. Einfuhr	Zollnachlaß
Kleidung	3 978	577
Textilien	27 680	3 986
Maschinen und Teile .	4 746	552
andere Metallwaren	17 960	1 488
Papier	2 168	194 (in 1000 £)

Cmd. 2009, 62. Dort auch weitere ausführliche Zahlenbeispiele, die den Vorteil des Reichshandels beweisen sollen.

[169]) Cmd. 2009, 72. 1921/22 war der berechnete Wert der Preference an Australien 257 324 £, davon 239 000 £ auf Wein und Spirituosen. Times, 27. Jan. 1923.

[170]) Vgl. Bruce's Vorschlag einer „Imperial Royal Commission" zu Studium und Berichterstattung. Cmd. 2009, 82.

[171]) Absatz und Zitate nach Cmd. 2009, 57 ff., 214 ff., 514 ff.

ist, keinen Zoll auf Weizen und Fleisch einzuführen, wir trotzdem unsere Ideen und Hoffnungen nicht aufgeben sollen, daß nicht andere Möglichkeiten bestünden, irgend etwas (anything at all) zu tun." Denn „wir sehen die Frage der Märkte als überragend an und halten es für nutzlos, sich mit der Reichswanderung zu beschäftigen, ehe wir nicht eine Lösung gefunden haben, die uns Märkte für die vermehrte Produktion sichert, die daraus entspringt." Massey von Neuseeland, auch Smuts, der südafrikanische Premier, sekundieren diesen Forderungen[172]).

Aber was schon bei Smuts anklingt, — „Wir geben der englischen Regierung freie Wahl" (vergleiche aber Seite 66 f.)[173]) — das wird von Kanada zum Prinzip erhoben: Jeder Reichsteil kann unbeeinflußt seine Wirtschaftspolitik bestimmen.

In hartem Ringen wird der australische Angriff abgewiesen. Baldwins Vorschläge neuer Zollbevorzugung erstrecken sich nur auf Erhöhung der bestehenden „preference" für Weine (50—66²/₃% Vorzug) und Tabak (25%), volle Befreiung getrockneter und Dosenfrüchte aus dem Reich und neue Zölle auf rohe Äpfel, Fruchtsäfte, Honig, Dosenlachs (überall Reichseinfuhr frei), Hopfen und Gerste (33¹/₃% Vorzug)[174]).

Aber selbst dieses schwache Entgegenkommen der Konservativen bleibt unerfüllt: Snowden, der Finanzminister des neuen sozialistischen Kabinetts, führt die Konferenzversprechungen nicht aus, ermäßigt im Gegenteil mehrere Zollsätze allgemein (u. a. getrocknete Früchte von 10/6 auf 7/—) und vermindert so noch den Wert der „preference"[175]).

Auch dem Bruceschen Vorschlag eines Reichswirtschaftsausschusses (Imperial Economic Committee), „um alle Wirtschafts- oder Handelsangelegenheiten zu untersuchen und zu beraten, . . . die ihm von einer der vertretenen Re-

---

[172]) Absatz und Zitate nach Cmd. 2009, 219 ff., 58 ff. 57—60 und 179—213 benutzt Bruce die schlechte Lage der australischen Obst- und Weinindustrie, um die Schaffung von Märkten als Hauptproblem zu zeigen. „Ohne Absatzsicherung kann die Aufnahme von Menschen und die Entwicklung unseres Landes nur in sehr kleinem Ausmaß erfolgen." (Bruce, Cmd. 2009, 58). Vgl. auch die von Bruce vorgeschlagenen beiden Entschließungen und Times, 23. Aug. 1923; Dépeche Coloniale, 26. Mai 1923.

[173]) African World, 21. Juli 1923. Doch die Betonung der „großen Vorteile für das ganze Reich" folgt gleich hinterher.

[174]) Baldwins Konferenzvorschläge ausführlich im Cmd. 2009, 35 ff. und The Case for Free Trade (Economist).

[175]) Ausführlich (die Dominien werden von den sonstigen Ermäßigungen nicht betroffen). Wirtschaftsdienst, 9. Mai 1924.

gierungen überwiesen werden", dem auf ausdrückliches englisches Verlangen hinzugefügt wurde: „unter der Bedingung, daß dem Ausschuß keine Frage, die einen anderen Teil des Reichs berührt, zugewiesen wird, wenn dieser andere Reichsteil nicht seine Einwilligung dazu gegeben hat[176]," (also die Erörterung der Frage: Englischer Freihandel oder Reichszollverein? — kann verhindert werden!) — diesem Ausschuß steht die Arbeiterregierung nicht sonderlich interessiert gegenüber und schränkt seine Aufgaben so ein, daß er das Problem des Lebensmittelabsatzes der Dominien in England erörtern soll[177]).

Der Plan der zweiten Regierung Baldwin, statt neuer Zölle mit Reichsbevorzugung Subsidien in Höhe von einer Million £ auf gedörrtes Obst, Wein usw. an die Dominien zu zahlen, ebenso der Vorschlag, die Einfuhr von Gefrierfleisch an Lizenzen zu binden[178]) (wodurch natürlich Australien vor Argentinien begünstigt werden sollte), sind bisher noch nicht zur Ausführung gelangt. Selbst das Budget Churchills von 1925 enthält nur die freie Einfuhr von getrockneten Früchten aus den Dominien und die Erhöhung des Vorzugs auf Wein von $1/3$ auf $2/3$ des Zolls[179]).

Beide letzten Maßnahmen sind Konzessionen an Australien (und Südafrika), — aber wie 1923, so bleibt auch fernerhin der Versuch erfolglos, dem englischen Konsumenten die Lasten australischer Absatzförderung aufzubürden.

* * *

„Ich fürchte, daß wir uns an andere Länder als Großbritannien wenden müssen. Wir werden nicht fortfahren können, unsererseits den englischen Fabrikanten Vorteile anzubieten, wenn nicht das Mutterland bereit ist, uns Dienst mit Dienst zu vergelten." (Bruce, 1. Mai 1924[180]).

---

176) Cmd. 2009, 24 ff. und 570. Bruce: Das Economic Committee solle andere Wege zur Förderung des Reichshandels finden als die „anrüchige" Zollbevorzugung. Journal V, 583/8 — Juli 1924. Zur kanadischen Ablehnung siehe Anm. 58, zu Smuts' Stellung Anmerkung 323.

177) Der endgültige Bericht dieses Ausschusses im Herbst 1925 schlägt vor, die von Baldwin zugesagten 1. Mill. £. Unterstützungsgelder in der Hauptsache zu Reklamezwecken für Dominien-Erzeugnisse zu verwenden. British Austral. u. N. Z., 13. Aug. 1925.

178) Journal VI, 7 ff. — Jan. 1925; Wirtschaftsdienst, 3. Januar 1925.

179) Wirtschaftsdienst, 8. Mai 1925. Der neue Hopfenzoll, der am 16. Aug. 1925 auf die Dauer von vier Jahren in Kraft tritt, gewährt ebenfalls $2/3$ Preference.

180) Journée Industrielle, 5. Mai 1924. Die gleiche Drohung bereits am 24. Juli 1923 im Parlament: „It would be serious to Great Britain if because of her negligence we were forced to make reciprocal trade arrange-

Die Drohung bleibt unausgeführt, selbst Verhandlungen mit Kanada und Neuseeland, die beide die australiche Zollbevorzugung nicht genießen, da sie keine Gegenseitigkeit gewähren, — selbst diese Verhandlungen kommen jahrelang zu keinem Abschluß[181]).

* * *

Der Ministerpräsident muß versuchen, im eigenen Lande die Wünsche von Farmern und Industriellen auszugleichen. Dr. Page und die Country Party erreichen, daß entgegen Brucescher Absicht[182]) der Betrieb der Commonwealth-Schiffahrtslinie weitergeführt wird.

Mit 15 englischen Trampdampfern 1916 von Hughes auf eigene Verantwortung begonnen, war die Staatsflotte seitdem durch 23 Stahlneubauten (davon 18 auf australischen Werften!) und 17 beschlagnahmte feindliche Schiffe beträchtlich vergrößert worden. Mit 12,8 Mill. £ stehen

---

ments with some other country which would then be the outlet for our surplus production." Economist, 13. Okt. 1923. — Bruce, 5. April 1923: „Wir liehen diesen Vorschlägen (von Handelsverträgen mit fremden Staaten) bisher nur ein taubes Ohr, weil wir zur Förderung des Reichshandels entschlossen waren. Die jetzige Lage kann aber nicht bis ins Endlose dauern, und ich vertraue deshalb darauf, daß die kommende Reichswirtschaftskonferenz den australischen Interessen gerecht wird." Times, 16. Juni 1923. Ebenso Bruce, 19. Juni 1923. Journal IV, 579 — Juli 1923. Nach der Konferenz schwächt Bruce seine früheren scharfen Worte beträchtlich ab: „Es gäbe auch andere Wege als Zollbevorzugung" und „die Ablehnung könne kaum für endgültig angesehen werden." Journal, V, 583/8 — Juli 1924. Times, 20 Juni 1924. Ein Antrag im Senat auf Aufhebung der englischen Preference als Repressalie wird nach lebhafter Aussprache „natürlich" zurückgezogen. Journal V, 788/99 — Kkt. 1924.

[181]) Australien — Kanada: Nach ergebnislosen Verhandlungen 1922 in Australien (bei denen Kanada gegenseitige Gewährung der englischen Preference-Sätze vorschlug — Fielding, Journal III, 776 — Okt. 1922) kommt 25. Sept. 1924 in Ottawa ein Übereinkommen zustande (Wirtschaftsdienst 6. Februar 1925). Kanada gewährt Vorzug auf Fleischkonserven, Butter, Eier, Käse, Wein; Australien auf Zeitungspapier, Druckereimaschinen, Autochassis (Wirtschaftsdienst, 29. Mai 1925). Doch während jetzt das australische Parlament das Abkommen annimmt, verhindert anfangs der Widerstand der Farmer und die Uninteressiertheit der amerikanisch-kanadischen Motorfirmen infolge der neuen 75 % Preference-Beschränkung Australiens die Ratifizierung in Kanada (Round Table 59 — Juni 1925). Damit wird auch die kanadische Zusicherung an Südafrika, daß dieses die gleichen Sätze wie Australien erhalten solle (Rosinen und Korinthen), (I.- u. H.-Ztg., 24. Okt. 1924), erst wirksam, als der Handelsvertrag am 1. Okt. 1925 in Kraft gesetzt wird (Wirtschaftsdienst, 23. Oktober 1925). Auch Neuseelands Versuche (Juli 1922 bereits zum drittenmal), mit Australien die Gegenseitigkeit zu erzielen, bleiben bisher erfolglos (ausführlich Times, 29. Juli 1922).

[182]) Cape Times, 8. Febr. 1922; Financial News, 9. Febr. 1923; Round Table 53, 152 — Dez. 1923.

diese Werte zu Buch, aber 2,8 Mill. £ sind die Verluste der letzten beiden Jahre gewesen, weitere 7—8 Mill. £ beträgt die Wertverminderung. Jetzt soll ein selbständiges Schiffahrtsamt die 54 Schiffe zu 4,7 Mill. £ übernehmen, dafür allen Steuern und Abgaben gleich einer privaten Gesellschaft unterworfen sein[183]).

Doch der Reorganisationsversuch ist vergeblich. Selbst nach Abstoßung der älteren Einheiten liegen von 32 Dampfern 21 auf, und „solange die Mannschaften nach australischen Heuersätzen entlohnt werden, bleiben Verluste unvermeidlich"[184]). Anfang 1925 bietet die Regierung mit Zustimmung der Farmer die Flotte zum Verkauf an unter den Bedingungen, daß

1. ein regelmäßiger Dienst mit England und dem europäischen Kontinent aufrechterhalten wird,
2. Frachten und Passagierpreise nur unter bestimmten Voraussetzungen erhöht werden,
3. der Käufer keinem Ring, Trust usw. beitritt[185]).

Aber selbst diese Gesamtliquidierung bleibt unmöglich, und Bruce muß die Schiffe einzeln veräußern. Der Versuch zur Erlangung billigerer Frachten, die Absicht, eine eigene Handelsflotte zu schaffen, sind mißglückt[186]).

* * *

[183]) Absatz nach Manes, 40 ff.; Round Table 49, 186 ff. — Dez. 1922; Journal V, 89 ff. — Jan. 1924; Hambg. Nachr. 26. April 1925; Wirtschaftsdienst, 15. Mai 1925. Mit Bruce's Regierungsantritt werden zum erstenmal die Verluste bekannt (Round Table 53, 152 — Dez. 1923). Buchgewinne 1916 — 30. Juni 1921: 2 304 889 £. (Weser-Ztg., 30. Nov. 1923); Betriebsverluste 1921/22: 1 171 000 £., 1922/23: 1 626 150 L., 1923/24: 481 000 £. (Wirtschaftsdienst, 15. Mai 1925). — Der Reorganisationsversuch findet seinen Niederschlag im „Commonwealth Shipping Act" (Journal IV, 349 ff. — Mai 1923 und V, 89 f. — Jan. 1924). Die Ermäßigung der Steuer auf Schiffsgesellschaften von 10% auf 7½% der Frachten und Passagegelder ab 1. Sept. 1923 („Income Tax Assessment Act" — Journal V, 94 — Jan. 1924) kommt der neuen Gesellschaft auch zugute. (S. a. Bruce Cmd 2009, 317).

[184]) Wirtschaftsdienst, 15. Mai 1925. nach dem australischen Verwaltungsbericht.

[185]) Absatz nach Australian u. N. Z. Trade Journ. — April 1925; Hmbg. Nachr. — 26. April 1925.

[186]) Im Mai 1925 werden 11 Schiffe für 254 000 £ verkauft, darunter 7 nach Japan. Wirtschaftsdienst, 5. Juni 1925. Nationalisierungstendenzen der Schiffahrtspolitik besonders in den Navigations-Acts 1912/20. Die Küstenschiffahrt ist seit 1. Juli 1921 der australischen Handelsflotte vorbehalten; auch britische Schiffe dürfen sich nur gegen besondere Lizenz daran beteiligen. Weltwirtschaft. Nachr. — 12. Juli 1922. Sein und seines Vorgängers erstrebtes Ziel gibt Bruce auf der Reichswirtschaftskonferenz offen zu: „Das Schiffahrtsgesetz wurde von Australien in der Absicht erlassen, eine eigene Handelsflotte zu errichten, und ich bin sicher, daß der erste Lord der Admiralität mit mir übereinstimmen wird, daß es wünschenswert sei, eine eigene Handelsflotte zu haben." Cmd. 2009, 315.

Doch die Farmer erreichen auf einem anderen Weg erfolgreich die Unterstützung des Absatzes der Urprodukte: Ein ausgedehntes Prämiensystem wird seit dem Mißlingen der Reichswirtschaftskonferenz von 1923 geschaffen![187])

Bereits die Regierung Hughes hatte seit September 1922 Prämien für exportiertes Gefrier- und Dosenfleisch und lebendes Vieh gezahlt[188]), bereits damals hatte Bruce als Finanzminister unter dem Druck der Farmer den Zoll auf Draht und Drahtgeflecht, verzinktes Eisen und Traktoren ermäßigen und für Draht und Drahtgeflecht aus England ganz aufheben müssen. (Die betroffenen Industrien wurden aber durch entsprechende Prämien schadlos gehalten!)[189])

Schon vor der Konferenz werden die Fleischprämien des Vorjahres erneuert[190]), im Herbst 1924 die Exportprämie auf lebendes Vieh von 10 s. auf 16 s. pro Haupt erhöht[191]).

Übereinkommen werden getroffen, daß alle Banken an der Finanzierung des Woll- und Weizenexports teilhaben sollen, während das „Board of Directors" der Commonwealth-Bank, wenn notwendig, Unterstützung durch Notenausgabe bis zu 15 Mill. £ geben will[192]). — Freiwillige Weizenpools in den Staaten, die von Farmerverbänden oder sonstigen Körperschaften kontrolliert werden, können Vorschüsse von 3 s. 8 d. per Bushel oder Garantien bis zu gleicher Höhe vom Commonwealth bekommen[193]).

Ein Garantiefonds von 500 000 £ wird geschaffen, der dazu dienen soll, bis 80%ige Exportbürgschaften für Bankkredite an Einzelfarmer zu übernehmen., Darüber hinaus gewährt die Regierung den Erzeugern von getrockneten Korinthen und Rosinen einjährige 6%ige Vorschüsse. Die

---

[187]) Aus den Zolleinnahmen werden die Urerzeuger unterstützt. „Der Tarif wird zwar revidiert, aber nicht grundsätzlich ermäßigt werden." Page, 23. Nov. 1923 laut Times, 12, Jan. 1924. Ebenso Bruce laut Financial News, 17. April 1924.

[188]) „Meat Export Bounties Act", Journal IV, 132 — Jan. 1923.

[189]) „Customs Tariff Act" und „Iron and Steel Products Bounty Act", 25. Sept. 1922. Journal III, 844 — Okt. 1922; Journal IV, 116 ff. — Januar 1923.

[190]) „Meat Export Bounties Act." 11. Aug. 1923, Journal V, 92 — Jan. 1924.

[191]) „Cattle Export Bounty Act", 15. Aug. 1924, Journal V, 131 — Jan. 1925. Bruce und sein Parlament verlangen darüber hinaus immer wieder Bevorzugung durch England gegen die südamerikanische Konkurrenz. Journal V, 84 f — Jan. 1924; Financial News, 6. April 1923.

[192]) Round Table 58, 384 ff. — März 1925.

[193]) „Wheat Pool Advances Act", 1. Sept. 1923. Journal V, 94 — Jan. 1924.

Konservenfabriken erhalten mit rückwirkender Kraft auf den 1. Nov. 1923 Prämien von 1 s 9 d. bis 2 s. 9 d. für die Ausfuhr von je 12 Dosen Aprikosen, Pfirsiche, Birnen und Ananas unter der Bedingung von Mindestpreisen an die Erzeuger.

Auf Wein zahlt das Commonwealth eine Prämie von 4 s. per Gallone (die aber bei unzureichenden Preisen an die Winzer ganz oder zum Teil verweigert werden kann) und ermäßigt zugleich die Verbrauchsabgabe auf Sprit zum Verstärken australischer Weine.

Schließlich erhält auch der tasmanische Hopfenverband 1924 einen Vorschuß von 25000 £ für die Finanzierung der Ausfuhr nach England[194]).

Ein buntes Bild. Zugleich ergänzen Bruce und Page diese Maßnahmen durch Begünstigung und zwangsweise Errichtung genossenschaftlicher Organisationen. Neben die freiwilligen Weizenverbände treten gesetzlich geschaffene Ämter für Fleisch, getrocknete Früchte, Butter und Käse. Sie sollen Erzeugung und Export überwachen, Fracht- und Absatzverhandlungen führen und die jetzigen Regierungshilfen allmählich entbehrlich machen[195]).

„To capture the British market" sei ihre Hauptaufgabe, erklärt die Regierung[196]). Was die Reichskonferenz versäumte, werden „pools", Prämien und Propaganda verwirklichen helfen. — Ob die Förderung des Reichshandels auch dann noch das Ziel bleiben wird, wenn das Eigeninteresse in andere Richtungen weist, das mag bezweifelt werden; aber vorerst ist das Mutterland noch weitaus der beste Absatzmarkt.

* * *

---

[194]) „Export Guarantee Act." — „Dried Fruit Advances Act", 9. Sept. 1924. — „Canned Fruit Bounty Act", 24. Mai 1924, — „Wine Export Bounty Act", 17. Sept. 1924 — „Hoop Pool Agreement Act", 23. Juli 1924. Zu den drei Absätzen und den Gesetzen ausführlich Journal VI, 29 ff. — Jan. 1925; Round Table 58, 384 ff. — März 1925; Cape Times, 8. Okt. 1924. Außerdem besteht Zoll auf getrocknete Früchte; die heimischen Erzeuger treiben im Ausland Dumping. Round Table 53 159 — Dez. 1923. Und 1925 unterstützt Bruce u. a. den Aprikosen- und Ananasexport durch Frachtsubsidien. British Australian a. N. Z. 13. Aug. 1925.

[195]) „Dried Fruit Export Control Act" mit „Dried Fruit Charges Act 1924" — „Dairy Produce Control Act" mit „Dairy Produce Export Charges Act" 20. Okt. 1924 — „Meat Industry Encouragement Act" 20. Okt. 1924 (Schaffung eines „Australian Meat Council"). — Ausführlich in Journal VI, 129 ff. — Jan. 1925; Round Table 58, 384 ff. — März 1925. Page: „Die Produktionsmethoden, der Grad der Organisation und die Art des Absatzes müssen verbessert werden. Trotz aller ernsten Versuche ... fehlt die Einigkeit der Erzeuger." Cape Times, 8. Okt. 1924. Ebenso Bruce, 27. März 1924. Journal V, 586 — Juli 1924.

[196]) Round Table 58, 387 — März 1925.

Auch auf dem Gebiete der Einfuhr mühen sich die australischen Premiers um die Förderung der Reichshandelsbeziehungen.

Hughes, der Reichsbürger und Anhänger Chamberlains, hatte die Begünstigung britischer Industrieprodukte im Zolltarif von 1920 beträchtlich verstärkt: Von etwa 1000 Positionen enthalten jetzt 831 „preference", in der Mehrzahl zwischen 10 und 15 %. Das bedeutet, daß der Zollsatz auf Auslandswaren im Durchschnitt 32 % beträgt, auf englische dagegen nur 20 %! Die Textileinfuhr zieht den größten Vorteil daraus, weiterhin der Import von Maschinen und anderen Metallwaren[197]).

Ferner schreibt das „Customs Tariff (Industries Preservation) Act" vom Dezember 1921 vor, daß Waren aus Ländern mit entwerteter Währung entsprechenden Zuschlagszoll zu zahlen haben, wenn ihr Preis unter dem „fair market value in the United Kingdom" liegt.

Zugleich aber enthalten die übrigen Vorschriften dieses Gesetzes allgemeine Anti-Dumping-Bestimmungen, die sich gleichmäßig auf englische wie fremde Waren erstrecken[198]), — und der Tarif von 1920 bedeutet eine beträchtliche Verstärkung des Hochschutzzolls[199]). Gegen die heimische Industrieförderung muß die Reichswirtschaftsverflechtung zurücktreten.

---

[197]) Preference im Zolltarif von

	1908/11	1914	1920
5 % (u. 7½ %):	241	306	—
10 %:	10	120	367
15 % (u. 12½ %):	—	—	150
20 % u. 25 %:	—	—	41

Auch die (219) spezifischen Zölle erhalten beträchtlich Preference. Zum Vorteil der Einfuhrgruppen s. Anm. 168. Journal II, 879 — Okt. 1921. Times, 20. Aug. 1921, 11. Nov. 1922, 5. Mai 1923. Zugleich bemüht sich der australische Senior-Trade-Commissioner in England stark um die Stärkung der Handelsbeziehungen und Errichtung von Agenturen. Times, 8. Okt. 1921.

[198]) Die Anti-Dumping-Bestimmungen des „Customs Tariff (Industries Preservation) Act" (seit 16. Dez. 1921 in Kraft mit Verschärfungen Okt. 1922) erfassen praktisch jede mögliche Art des Dumping. — Ausführlich Journal II, 893 ff. — Okt. 1921; Journal IV, 115 ff. — Jan. 1923. Im Wortlaut Board of Trade J. 16. Febr. u. 14. Sept. 1922.

[199]) Die Freiliste des Generaltarifs wurde 1920/21 von 43 % auf 29 % aller Güter beschränkt. Wirtschaftsdienst, 22. Mai 1925. Ausführlich (Statistiken) Economist, 13. Okt. 1923. Über die Industrieförderung durch den Zolltarif ausführlich Journal of Commerce (N. Y.), 8. Juni 1920; daneben Times, 29, Mai 1920; Commerce Reports, 21. Aug. 1921; Wirtschaftsdienst, 9. Juni 1922. Der Tarif von 1920 geht zur Dreigliederung (General-, Verhandlungs- und britischer Tarif) über, wie Kanada sie schon besitzt. Auch in dieser vorbereitenden Maßnahme (bisher ist der Verhandlungstarif noch nicht gewährt worden) zeigt sich die autonome Wirtschaftspolitik. Vgl. auch Anm. 330 (Südafrika).

Auch Bruce bemüht sich um die Industrieentwicklung: Der Zollsatz auf Wollgarne wird von 10 % (englische Einfuhr frei!) auf 20 % (englische Einfuhr 10 %) erhöht[200]), die Eisenindustrie bei Regierungsaufträgen stark begünstigt[201]). Daneben wendet er das „Customs Tariff (Industries Preservation) Act“ weitgehend an: Außer zahlreichen ausländischen Waren belegt das Tarifamt Portlandzement[202]), gewisse Stahlarten[203]) und Drahtnetze[204]) (zur Entrüstung der Farmer) aus Großbritannien mit Strafzöllen.

Vielleicht noch wirksamer für die australischen Fabrikanten und einschneidender für den englischen Handel als jene Einzelmaßnahmen ist jedoch die neue Beschränkung der „preference“: Während bisher 25 % britischen Wertes genügten, erhalten ab 1. April 1925 nur Waren mit 75 % des Wertes aus englischer Arbeit und oder englischem Material die Zollbevorzugung. Güter aus fremdem Rohmaterial, das England nicht besitzt, genießen als einzige noch Preference, wenn alle Verarbeitung in England erfolgte und mindestens 25 % des Wertes ausmacht, vorausgesetzt, daß gleiche Güter nicht in Australien hergestellt werden. Ist dies jedoch der Fall, so muß 50 % des Wertes englisch sein[205]).

---

[200]) Ab 1. Jan. 1923. Manch. Guardian Commercial, 11. Jan. 1923.

[201]) 14 Lokomotiven werden im März 1924 in Australien vergeben, obwohl sie 25 % teurer waren als das niedrigste englische Angebot (136 000 £ gegen 101 000 £ einschl. Zoll). Round Table 56, 822 f — Sept. 1924. Bei ähnlichem Preisunterschied erhält die einzige australische Firma eine Eisenbrücke für Sidney. Berliner Tageblatt, 11. Juni 1924. Bruce führt dazu aus, man müsse annehmen, einige englische Firmen hätten so niedrig offeriert, um ihren Betrieb aufrecht zu erhalten. Das sehe er als unfairen Wettbewerb an. — Siehe die Beschwerden darüber in Manchester Guardian, 8. April 1924. Auch die Prämie von 2 : 5/- £ per ton auf in Australien aus australischen Erzen erzeugten Schwefel unterstützt die Eisenindustrie. „Sulphur Bounty Act“, 1. Sept. 1923. — Journal V, 94 — Jan. 1924.

[202]) Manch. Guardian Commercial, 11. Jan. 1923.

[203]) Am 24. Jan. 1924 mit rückwirkender Kraft bis zum 24. Sept. 1923. — Vgl. dazu auch Anfrage im engl. Unterhaus am 3. April 1924. Board of Trade Journal, 20. März 1924.

[204]) April 1924. Round Table 56, 823 — Sept. 1924. Außerdem z. B. am 5. Juni 1924 Leinöl aus England, am 1. Aug. 1923 Mais aus Südafrika zum Schutz der australicshen Erzeuger, wodurch die weitere Einfuhr unmöglich wird. Board of Trade Journal, 9. Aug. 1923. Über die Schutzwirkung der Zuschlagszölle u. a. Weltwirtschaftl. Archiv, Jan. 1925, 136 f. Daneben wird das Tarifamt zum Hauptmittel des Protektionismus: Es spricht sich gegen Herabsetzung der Zölle auf landwirtschaftliche Geräte aus (Times, 30. Aug. 1924), betont in seinem Jahresbericht, wie sehr die australische Woll-, Eisen-, Stahl- und Maschinenindustrie durch die englische Konkurrenz litte. Board of Trade Journal, 25. Sept. 1924.

[205]) Australian a. N. Z. Trade J., April 1925, 13 f. Immer muß die letzte Verarbeitung in England erfolgt sein und die Ware direkt nach Australien gehen. Journal VI, 102 f. — Jan. 1925. Laut Verhandlungen mit

Vor dem nationalen Egoismus macht auch der Wille zum Reich halt. „Australien ist zum Protektionismus gezwungen, da er die traditionelle Politik des Commonwealth ist," betont Bruce[206]). Aber die Handelsbevorzugungen an das Vereinigte Königreich sind rein wirtschaftlich nur in geringem Maße zu erklären[207]).

* * *

Wo die Interessen Australiens und die Wünsche Großbritanniens einander nicht widersprechen, da beweist Bruce seine Geneigtheit zur Zusammenarbeit, zur „co-operation".

Das Commonwealth braucht Einwanderer, neue Landbewohner, um die Erzeuger und Verbraucher, die Steuerzahler und die Verteidiger zu vermehren[208]). Die Hilfe, die das Mutterland für den Handel versagte, gewährt es hier: Australien wird (zusammen mit Neuseeland) der Hauptnutznießer der Reichssiedelungspläne.

Anleihen in London sollen ihre Durchführung ermöglichen. 5 Millionen £ gedenkt die Regierung 1923 aufzunehmen, um daraus an die Einzelstaaten Vorschüsse zum Zwecke der Einwanderungs- und Siedlungsförderung zu zahlen. Fünf Jahre lang wollen Großbritannien und das Commonwealth je $^1/_3$ der Zinsen tragen, dann fällt den Staaten die ganze Last zu[209]). Mit weiteren 500 000 £ will Bruce

Neuseeland führt auch dieses den 75 %-Satz ein. Board of Trade Journal, 9. Okt. 1924.

206) Bruce, 19. Juni 1923. Journal IV, 579 — Juli 1923. Auch der neue Zolltarif von 1925 verstärkt den Schutz, besonders für die Maschinen- und Textilindustrie, abermals beträchtlich, erhöht jedoch zugleich die Preference. British Australian a. N. Z. — 22. Okt. 1925. Man vgl. auch den Schutz der Zuckerindustrie Queenslands, insbes. gegen Zucker aus schwarzer Arbeit (Einfuhrverbot). Gregory, 216 ff.; Journal IV, 340 — April 1923; Cape Times, 8. Okt. 1924.

207) Das gilt gleicherweise für Kanada und Südafrika! — Britische Zollbevorzugung durch Kanada seit 1897, Australien 1907, Südafrika 1906. Porritt, 142. Preference hatte den Hauptzweck, die Vorkriegslasten der Verteidigung auch z. T. den Dominien aufzubürden. Round Table 52, 703 — Sept. 1923.

208) Bruce beim Budget Sept. 1922 nach Round Table 49, 179 — Dez. 1922. Commonwealth-Schuld, 30. Juni 1923: 411 Mill. £, davon 90 Mill. £ Kriegsschulden an England, 233 Mill. £ im eigenen Land. Journal V, 82 f. — Jan. 1924. Gesamtschuld von Commonwealth und Staaten: 886 Mill. £. Journal V, 817 — Okt. 1924. Bruce setzt schon als Finanzminister die Quote des Amortisationsfonds von ¾ % auf ½ % herab. Journal IV, 120/28 — Jan. 1923. Zum Einwanderungsproblem, insbesondere auch der geringen natürlichen Bevölkerungszunahme siehe Schachner, 42 ff.

209) Journal IV, 854 ff. — Okt. 1923, V, 82 — Jan. 1924. Bereits das „Immigration Loan Act" vom 18. Okt. 1922 ermächtigt die Regierung zur Aufnahme von bis 4 Mill. £ für Einwanderungszwecke, wobei ebenfalls

im Finanzjahr 1923/24 die Überfahrten aus dem Mutterland verbilligen, und auch hier hat er schon seit dem 1. Juli 1922 gemäß dem „Empire Settlement Scheme“ Englands Unterstützung[210]).

Nicht nur die Arbeitervertreter des Bundesparlaments opponieren[211]), sondern auch die beteiligten Staaten fürchten, die Menge dieses aufgezwungenen Bevölkerungszuwachses auf die Dauer nicht ansiedeln zu können und neben den Zinslasten noch Arbeitslose durchschleppen zu müssen[212]).

Die Bundesregierung sucht dieser Gefahr durch Unterstützung der Murray-Bewässerungspläne zu begegnen[213]), aber als sie im April 1925 einen viel weitergehenden Einwanderungsvertrag mit England abschließt, verweigern die Staaten bisher ihre Zustimmung.

Der neue Plan sieht für die nächsten 10 Jahre insgesamt 450 000 Siedler vor, deren Kosten durch eine Anleihe von 34 Mill. £ zu besonders günstigem Zinssatz in London aufgebracht werden sollen. Das Mutterland verpflichtet sich außerdem — um den Widerstand der Staaten zu überwinden — diesen auf je 750 000 £ übernommenen Anleiheanteils je 120 000 £ Bonus zu zahlen unter der Bedingung, daß der betreffende Staat in 10 Jahren mindestens 10 000 Siedler ansässig gemacht hat[214]).

Der Erfolg dieser Bestrebungen bleibt nicht aus:

Einwanderungsüberschuß:

1921	1922	1923	1924
15.789	38.138	38.900	45.200[215]).

schon die englische Unterstützung gesichert ist. (Reichskonferenz 1921 und folgende englische Gesetzgebung.) Journal IV, 107 — Jan. 1923. Über die Weiterleitung der Gelder an die Staaten und die Bedingungen dabei siehe z. B. Journal IV, 108 — Jan. 1923. Die anfangs vorgesehene Übernahme von ¾ der Zinsen auf fünf Jahre durch England wird verringert, da „wir in Australien nicht unsere eigene Industrie hemmen werden um eines Zinsvorteils willen und Aufträge nach England geben (was als Bedingung gesetzt war), die wir im eigenen Lande ausführen könnten.“ Bruce auf der Reichswirtschaftskonferenz. Cmd. 2009, 158. Ebenso die Staaten-Premiers. Times, 8. Dez. 1923.

210) Journ. IV, 854 ff. — Okt. 1923, V, 82 f. — Jan. 1924, V, 785 — Okt. 1924.

211) Ausführlich mit der Hauptbegründung vermehrter Arbeitslosigkeit Charlton 2. Aug. 1923; Journal V, 82 ff. — Jan. 1924.

212) Round Table, 51, 670 — Juni 1923.

213) Neben der Hauptbemühung um Absatz der Erzeugnisse. Außerdem z. B. 250 000 £. Vorschuß an die Staaten zur Lieferung von Drahtgeflecht an die Siedler. („Advances to Settlers Act“, 1. Sept. 1923.) Journal V, 92 — Jan. 1924. Ebenso Versuche betr. Baumwollenanbau. Canada-West-India Magazine, Okt. 1923.

214) Journal V, 818 f. — Okt. 1924; Wirtschaftsdienst, 22. Mai 1925.

215) 1921 und 1922 nach Statesmans Yearbook 1921 f., 1923 und 1924

Leider sind trotz des mit allen Mitteln geführten Werbefeldzugs in Großbritannien [216]) davon (1924) nur 77% Briten, die übrigen in der Mehrzahl Südeuropäer. Bruce sucht diesen Zuzug unerwünschter Elemente durch Paßabkommen mit Italien und der Tschechei abzuschwächen, aber ganz beseitigen kann er ihn nicht [217]).

Die Stellung im Reich.

Was Hughes betonte [218]), das wiederholt Bruce gleichermaßen: „Wir lebten bisher unter dem Schutz der britischen Flotte. Behaupten wir etwas anderes, so betrügen wir uns selbst [219]).“ Und bereit, das Commonwealth als verantwortliches Reichsglied seinen Anteil der Lasten tragen zu lassen, zieht er die Folgerung: „Australien hat zuerst die Verpflichtung, sich selbst um seine Verteidigung zu kümmern [220]).“

Die beiden veralteten Kreuzer werden durch zwei neue 10 000 t-Schiffe ersetzt [221]), Unterseeboote und Flugzeuggeschwader in Bau gegeben, Docks, Öltanks, Küstenverteidigungsmaßnahmen ausgeführt und weiter vorgesehen, die Munitionserzeugung im eigenen Lande gefördert [222]), die Gewinnung von Öl aus heimischen Rohstoffen im militäri-

---

nach Wirtschaftsdienst, 22. Mai 1925. Die Zahlen des Commonwealth Yearbook sind unbrauchbar. Unterstützte Einwanderer: 1922: 24 319; 1923: 26 511. Journal V, 817 — Juli 1924.

[216]) Der Pavillon in Wembley beweist die fast vorbehaltlose Werbeabsicht, das Mühen um Siedler wie um Absatz, die Betonung des Willens zu „co-operation“. Siehe auch das Australia-House, London, Strand, und die von dort ausgehende Reklame.

[217]) 1924: 9 600 Südeuropäer, wodurch die Befürchtungen des Lohndrucks neue Nahrung erhalten. Wirtschaftsdienst, 22. Mai 1925. Zu den Paßabkommen Round Table 58, 84 — März 1925.

[218]) Hughes. 8. April 1920: „Australiens Sicherheit und die Einheit des Reichs beruhen auf der britischen Seemacht.... Vom Völkerbund kann meiner Ansicht nach nur wenig erwartet werden.“ Journal III, 357 ff. — April 1921.

[219]) Bruce, 19. Juni 1923. Journal IV, 577. — Juli 1923. „Neither the League of Nations nor any other body can insure our safety ...“ Bruce, 24. Juli 1923. Journal IV, 841 — Okt. 1923.

[220]) Bruce, 27. März 1924. Journal V, 576 — Juli 1924. Aber „zu keiner Zeit ist Australien imstande gewesen, sich selbst zu verteidigen“. (Bruce, 27. Juni 1924 — Journal V, 802 — Oktober 1924). Und er zieht die Folgerung des Zwangs zur Co-operation. (Journal IV, 578 — Juli 1923).

[221]) Der erste ist für 2 Mill. £ in England in Bau gegeben, der zweite soll gern in Australien gebaut werden, würde dann aber 50 % mehr kosten. Journal V, 582 — Juli 1924, V, 803 — Okt. 1924.

[222]) Ausführlich über diese Maßnahmen beim Budget von Dr. Page, 31. Juli 1924. Journal V, 815 ff. — Okt. 1924, auch Bruce, 27. Juni 1924. Journal V, 803 ff. — Okt. 1924.

schen Interesse unterstützt[223]). Pages Budget 1923/24 enthält 5086937 £ Gesamtverteidigungsausgaben, außerdem werden dem angesammelten Überschuß $3^1/_2$ Millionen £ für die Flottenneubauten entnommen[224]).

Bruce kann es wagen, Mac Donald zu tadeln, daß die Nichtausführung der Singapore-Basis „ein offenbarer Mangel an notwendiger Weitsicht in Reichsangelegenheiten[225])" sei und betonen: „Reichsverteidigung ist ein Reichsproblem[226])!"

* * *

Das eigene Interesse führt zu dieser Stellungnahme. Nur Zusammenhalt und Zusammenarbeit aller Teile gewährleisten die Macht des Ganzen, die notwendig ist, um das Dominion zu schützen[227]).

Mögen eine große Anzahl Australier ihren Premier deshalb mit unbehaglichem Argwohn „Imperialist" nennen, mag sich bereits ein Murmeln gegen jeden Plan erheben, der irgendwie der Chamberlainschen Politik der „Imperial Federation" ähnelt, — Bruce weiß, was er tut[228]).

[223]) Hughes schloß am 14./29. Mai 1920 mit der Anglo-Persian Oil Company einen Vertrag auf Errichtung einer Ölraffinerie (Beteiligung je zur Hälfte) und sprach den militärischen Zweck offen aus. — "Oil Agreement Act". Journal I, 694 ff. — Okt. 1920. 30. Juni 1924 wird das Kapital der "Commonwealth Oil Refineries, Ltd." von 500 000 £ erhöht zwecks Ausbau der Anlagen. Journal V, 832 — Okt. 1924.

[224]) Journal V, 815 ff. — Okt. 1924.

[225]) Bruce, 27. Juni 1924. Journal V, 803 —Okt. 1924.

[226]) Bruce, 27. März 1924. Journal V, 576 — Juli 1924. Dabei betont er aber, die Zusammenarbeit der britischen und der Dominien-Flotte solle erfolgen als "one united whole, while preserving and maintaining their separate identity", eine Konstruktion, die sich mit Kanadas und Südafrikas Anschauungen deckt, nicht aber mit denen der englischen Admiralität! Round Table 52, 840 — Sept. 1923. S. a. Journal IV, 830 ff. — Okt. 1923. Journal V, 344 — April 1924. Round Table 38, 412 — März 1920. Manes, 25.

[227]) Siehe ausführlich in Bruces Reden in Journal IV, 349 ff. — April 1923, IV, 841 f. — Okt. 1923, V, 569 ff. — Juli 1924. Times, 24. Febr. u. 6. Okt. 1923 und nach Round Table 51, 638 f. Juni 1923, Round Table 52, 844 ff. — Sept. 1923. Bei der Besprechung des Nachrichtenwesens auf der Reichswirtschaftskonferenz 1923 tritt dies z. B. sehr stark hervor: „Kanada und Südafrika stehen auf dem Standpunkt, daß die Errichtung von Radiostationen in England eine englische Frage sei ... Australien glaubt, daß dies eine Reichsfrage ist". Cmd. 2009, 387 und die ausführlichen Anführungen von Bruce ebendort und Journal VI, 112 ff. — Jan. 1925. Siehe auch, daß die australischen Post- und Telegrammsätze fürs Reich die gleichen sind wie fürs Inland. Journal V, 100 — Jan. 1924.

[228]) Absatz nach Manchester Guardian, 28. Sept. 1923, Times, 26. Juli 1923. „Bruce entwarf ein Bild Chamberlainscher Art". Round Table 52, 847 — Sept. 1923. "That gentleman (Joseph Chamberlain), like many other reformers, had been a little before his time, and the ideals which he then sought to achieve would in due season be realised." — Aber Bruces Motiv ist Eigennutz. Journal IV, 579 — Juli 1923.

Die Gefahr des Zentralismus ist endgültig vorbei. Die Freiheit der Wirtschaftsentscheidungen, die Souveränität des heimischen Parlaments sind unbestritten (siehe auch Kapitel Verfassungspolitik), und nie wird der nationale Egoismus diese Selbständigkeit wieder preisgeben, nie sich einem Reichsorgan unterordnen.

Doch Autonomie, wie Kanada sie erstrebt, dünkt den Premier gefährlich, denn in Verteidigung, Politik und Wirtschaft b r a u c h t Australien die Einheit des Imperiums. Mögen Reichswille und Rassengefühl hinzutreten, Bruce ist schon zu „co-operation" und Föderalismus bereit, weil sie für Australien von Vorteil und notwendig sind!

Südafrika.

Land und Volk.

Vor 15 Jahren erst schlossen sich die vier englischen Kolonien Kapland, Natal, Oranje-Freistaat und Transvaal zusammen; seit dem 31. Mai 1910 bilden sie die „Union von Südafrika“.

Von einem schmalen, fruchtbaren Küstenstrich umgeben, ist das Land in seinem Hauptteil eine große Hochebene. Hier entstehen auf Minenschätzen industrielle Siedlungen: Kimberley als Zentrum der Diamantengewinnung, weit bedeutender aber Johannesburg, die größte Stadt der Union, als Mittelpunkt des Goldbergbaus. Kohlenlager in Transvaal und Natal und die billigen Arbeitskräfte der Eingeborenen begünstigen den Abbau der relativ reichen Fundstätten.

Kupfer, Zinn, Blei und Asbest treten in verschiedenen Bezirken hinzu; Eisenvorkommen ist nur gering.

Die beiden Ostküstenhäfen Durban und Lourenço Marques (dieses in Portugiesisch-Ostafrika) werden die natürlichen Umschlagsplätze des bedeutenden Mineral- und Lebensmittelbedarfs der Minenbezirke. Denn das regenarme Hochland liefert nur geringe Mengen Getreide; ausgedehnte Großvieh-, Schaf- und Ziegenzucht herrscht vor. Von Dürren bedroht[229]), geben die Herden auf den mageren Steppen des „Veld“ nur Fleich geringerer Sorten, auch die Wolle erreicht selten die ersten Qualitäten (Mohair). — Straußenfedern, allzu stark von der Mode abhängig, haben ihre Bedeutung wieder verloren.

Der Küstenstrich aber liefert teilweise mit asiatischen Arbeitern Zuckerrohr (im tropischen Nordostgebiet Natal), Mais, der bei guten Ernten beträchtliche Ausfuhr ermöglicht, Tabak, Obst und Wein (diese beiden besonders zwischen Kapstadt und Port Elisabeth).

[229]) 1918/19 gingen 3½ Mill. Schafe an Futtermangel ein, 2 Mill. wurden außerdem geschlachtet. Blumhagen, 8. Rindvieh: 9,3 Mill., Schafe 31,2 Mill., Ziegen 8,2 Mill. Stück in 1922/23. Statistics, 32.

Der Bedarf der Minen- und Hafenstädte, dieser Hauptmärkte der heimischen Urerzeugung (außer Wolle), schafft ausgedehnte Lebensmittelindustrien. Die Verarbeitung der Rohstoffe zu Verbrauchsartikeln (Schuhzeug, Seife, in geringerem Umfang Wollwaren) tritt hinzu. Der Krieg begünstigt die Entwicklung; auch andere Industrien (Eisen!) werden jetzt und später gefördert[230]).

* * *

Die Zahlen des Außenhandels ergänzen das Bild:

Einfuhr:		Ausfuhr:	
	1923 in Mill. s-a. £.		
Nahrungsm.	6,9 = 12,0 %	Gold	41,7 = 51,5 %
Fabrikate:		Diamanten	7,2 = 8,9 %
Textilien	17,6 = 30,4 %	Kohle	3,3 = 4,1 %
sonst. (bes.		Wolle	12,4 = 15,3 %
Eisenwaren)	10,8 = 18,6 %	Häute u. Felle	2,5 = 3,1 %
Rohmaterial.	4,7 = 8,1 %	Nahrungs-	
Sonstiges	14,6 = 25,2 %	mittel	5,4 = 6,7 %
Regierungskäufe	3,3 = 5,7 %	Sonstiges	8,6 = 10,4 %
	57,8 Mill. £.		81,0 Mill. £ [231]).

Immer noch beherrscht der Goldexport die Ausfuhr[232]), und das englische Eigentum an den Minen bedingt auch den hohen Anteil des Mutterlandes an der Einfuhr:

Anteil 1923 an der südafrikanischen

	Einfuhr:	Ausfuhr
England:	53,8 %	73,7 %
Imperium:	14,4 %	8,9 % [233]).

* * *

Um drei Punkte konzentriert sich naturgemäß ein großer Teil der weißen Bevölkerung: Den Sitz des Parla-

[230]) Abriß der Wirtschaftsverhältnisse nach Year Book 1923, Blumhagen, Harrison, Seitz, Dibelius 86 ff. Empire Review, Sept. 1919, 295 ff., Round Table 32, 871 ff. — Sept. 1918, 43, 713 ff. — Juni 1921, 57, 194 ff. — Dez. 1924.

[231]) Zahlen nach Harrison, 198 ff. Official Yearbook, 1923. Nach dem letzteren (1923, 709 ff.) wurden 1922 eingeführt: Nahrungsmittel: 10,9 %, Fabrikate: 79,0 %; ausgeführt: Landwirtschaftsprodukte: 29,9 % Minenprodukte: 60,9 %.

[232]) Fast die Hälfte der Weltgoldgewinnung kommt aus der Union.

[233]) Statistics, 39 ff.

ments Kapstadt, Johannesburg und den Sitz der Regierung Pretoria, die Hafenstadt Durban[234]).

Arbeiter und Gewerbetreibende angelsächsischer Abstammung überwiegen hier, ebenso in Kimberley, den größten Städten der Küste und des Innern. Besonders Natal und die Kapkolonie sehen Engländer auch unter den ländlichen Siedlern.

Doch das platte Land der alten Republiken, Transvaal und der Oranjestaat, blieb burisch. Rückständig und konservativ, patriarchalisch, plattdeutsch-schwer und unversöhnlich, ihr „Recht" nie aufgebend, sehen seine Bewohner in den Engländern, in den Menschen der Minenbezirke stets nur Fremde. Sind die Buren der Kapkolonie bereit, an einem neuen, geeinten Südafrika mitzuarbeiten, — der Freistaat vergißt nie die Demütigung von „Vereeniging", die verlorene Freiheit. Und haben viele im ganzen Lande die Kriegsjahre vergeben, vergessen hat sie keiner.

Der wirtschaftliche Gegensatz kommt hinzu: Die Minen behandeln die Neger als gleichberechtigte Vertragspartner, sie suchen die Verwendung der Schwarzen in den Bergwerken auszudehnen, sie erstreben deshalb ihre Erziehung, um sie leistungsfähiger zu machen. Der Bauer war der Herr seiner Neger. Er sorgte für sie, er befahl ihnen. Kulturelle Hebung schien ihm ein Luxus, eine Gefahr. Jetzt läuft ihm der Arbeiter davon, durch die höheren Geldlöhne und die Freiheit verlockt.

Die Minen, die englische Kaufmannschaft Kapstadts und Johannesburgs sind freihändlerisch, die Landleute traditionell protektionistisch. Auch die Machtfrage der direkten Besteuerung, insbesondere die Erfassung der Bergwerksgewinne, trennt die beiden Hauptzweige der nationalen Wirtschaft.

Zwar verwischt die Entwicklung der heimischen Industrie und die Stellung der Gewerkschaften diese Interessengegensätze, zwar beginnt ein südafrikanisches Nationalstreben, dem Angehörige beider Rassen weitgehend unterliegen, den ideellen Zwiespalt auszugleichen, aber immer wieder stehen sich „Rand" und „Veld" als Feinde gegenüber[235]). —

---

234) Einwohner 1921:

	Weiße:	Schwarze:
Kapstadt	113 302	94 102
Johannesburg	151 836	136 295
Pretoria	45 361	28 691
Durban	57 095	89 215

Statistics, 15.

235) Abschnitt nach den gleichen Quellen wie Anm. 230, außerdem: Knowles, 48 ff., Gregory, 124 ff. Europäische Bevölkerung 1921: Kap.:

Nur eine Frage sieht alle Südafrikaner einig: Die asiatische Gefahr in Natal. Mehr Inder (140 000) als Weiße leben dort und bilden als Arbeiter, Händler, Rechtsanwälte, Ärzte eine unerwünschte Konkurrenz. Fast Zweidrittel von ihnen sind Bürger der Union, jetzt fordern sie volle politische und wirtschaftliche Gleichberechtigung. Für die europäischen Kaufleute der Minendistrikte, die Farmer Transvaals, Arbeiter und Siedler nicht nur in Natal ist die Weigerung und die Hinderung weiteren Zuzugs eine Forderung der Selbsterhaltung. Parlament und Regierung scheuen nicht den offenen Konflikt, und das ganze Land steht geschlossen hinter ihnen[236]).

Parteien und Führer.

Als acht Jahre nach dem Burenkriege der neue Bund entsteht, da bildet eine englandfreundliche Partei die Regierung: Die Burenführer haben ihr Volk überzeugen können, daß keine andere Möglichkeit besteht, für die verlorene Unabhängigkeit Ersatz zu erlangen, als Friede mit England. „Laßt uns unser Land entwickeln, eine Nation aus den beiden Rassen machen; das geeinte, mächtige Südafrika wird unseren Kindern wieder bringen, was wir vergeblich verteidigten, — die Freiheit“[237]).

Die Mitglieder des „Volksraads“, die Generäle im Kampf führen die Mehrzahl der Holländer und viele Engländer in der Südafrikanischen Partei zusammen. Zwei Männer sind es vor allem, die hier ihre Ideen verwirklichen: Botha und Smuts. Und kaum jemand ist so geeignet dazu wie diese beiden.

* * *

650 609. — Natal: 136 838. — Transvaal: 543 485. — Oranje: 188 556. Schwarze: 4 697 813. — Mischlinge usw.: 545 548. — Asiaten: 165 731. Statistics, 13. Die burische Bevölkerungsvermehrung ist stark. Dibelius, 86. 55,2 % der europäischen Bevölkerung gehören holländischen Kirchen an. (Dies ist die einzige amtliche Zahl, die auf das Verhältnis zwischen „Buren“ und „Engländern“ schließen läßt.) Statistics, 18.

[236]) Zum Absatz siehe insbesondere Knowles, 197 ff. Journal III, 938 ff. — Okt. 1922, Round Table 38, März 1920, “The Indian Problem” — und Anm. 378.

[237]) Smuts 1906 an Lord de Villiers: “We who love South Africa as a whole, who have our ideal of her, who wish to substitute the idea of a united South Africa for the lost independence, who see in a broader horizon, in a wider and more embracing statesmanship the cure for many of our ills and the only escape from the dreary pettiness and bickerings of the past — we are prepared to sacrifice much, not to Natal or the Cape, but to South Africa... Our strength does not lie in isolation but in union.” Cape Times, Febr. 1921. Das ist bereits die Idee der südafrikanischen Nation.

Ein holländischer Farmersjunge, in der Nähe Kapstadts als englischer Untertan geboren, geht nach Cambridge, um dort mit Auszeichnung seine juristischen Examen abzulegen. Als Rechtsanwalt kehrt er in die Kolonie zurück, siedelt bald von Kapstadt nach Pretoria über und findet hier nach zweijähriger Tätigkeit im Präsidenten Krüger den Mann, der seine Fähigkeiten erkennt und ihn mit 28 Jahren kurzerhand zum ersten richterlichen Beamten und juristischen Regierungsberater, zum „State Attorney" macht.

Es ist Jan Christiaan Smuts. Der Krieg bricht aus. Er leitet erfolgreich den Guerillakrieg in der Kapkolonie, wird einer der Friedensunterhändler und sieht sich schon am 3. März 1907 unter Botha im ersten Ministerium der englischen Kolonie Transvaal. 1910 folgt er dem Premier als Minister des Innern und der Verteidigung in die Regierung der neuen Union[238]).

Smuts ist Bur. Das Überwiegen seiner geistigen Kräfte macht ihn zum Realpolitiker[239]). Er drängt das Gefühl zurück: „Unsere Politik soll in Zukunft nur auf Interessen beruhen, nicht mehr auf Rassen"[240]). Das Volk begreift die Notwendigkeit, doch der Führer sieht weiter: Aus der zweckmäßigen Zusammenarbeit wird die Idee des neuen Südafrika, ein Imperialismus im kleinen, der über den engen Kreis der Buren hinaus alle „Afrikander" umfassen soll[241]).

---

[238]) Smuts' Werdegang nach South African who's who, 211 f., African World, 20. Nov. 1915, Le Correspondant, 25. April 1916.

[239]) „Er sah, intelligent und realpolitisch, bald die Unmöglichkeit des Widerstandes (im Burenkriege) ein . . ." Le Correspondant, 25. April 1916.

[240]) Round Table 37, 201 — Dez. 1919.

[241]) Zum südafrikanischen Imperialismus vor dem Kriege siehe Smuts' Rede in Pretoria, 22. Okt. 1913: „Großes ist geschehen in den verflossenen 11 Jahren! Vor allem die Verschmelzung von zwei einst sich todfeindlich gesinnten Völkern in e i n V o l k, in e i n e N a t i o n. . . . Und diese Union w i r d s i c h a u s d e h n e n! . . . Das geeinte Südafrika südlich des Sambesi ist das Ziel . . ." Deutsche Kolonialztg., 29. Nov. 1913. Diese Rede verursachte besonders in Deutschland große Erregung (Deutsch-Südwest-Afrika), so daß sie durch Regierungserklärungen der Union beträchtlich abgeschwächt und in ihrem Sinn verändert wurde. Siehe dazu u. a. Frankfurter Zeitung, 22. Mai 1918. Nach dem Kriege ist das Mandat über Deutsch-Südwest-Afrika (es wird am 5. Juli 1921 Teil des Union-Zollgebiets) der erste Schritt zur Ausdehnung der Union; der Übergang Rhodesiens zur Selbstverwaltung sollte der zweite sein. Doch trotz günstiger Bedingungen und des Smuts'schen Wahlerfolges vom 8. Februar 1921 (Seite 72) ergibt die Abstimmung vom 27. Okt. 1922 nur 5 989 für Aufnahme in die Union gegen 8 774 für "Responsible Government". „Ein harter Schlag für Smuts", an dem Whitehall nicht unbeteiligt war. (Landeszeitung, Windhuk, 13. Nov. 1922). — Ausführlich Journal III, 456 ff. — April 1922, 670 ff. — Juli 1922, 923 ff. — Okt. 1922; Round

Die geistige Überlegenheit trennt Smuts von seinen Wählern[242]), stets bleibt er fern und kühl, niemand wird ihm vertraulich auf die Schulter klopfen: „Halloh, Jan!“ [243]) Doch was er erdachte, das fühlt Botha, und der Farmer und Pionier im „Veld“, einfach, schlau, großherzig, findet den richtigen Ton[244]).

Aber Jan Christiaan Smuts will mehr als nur das einige, mächtige Südafrika: Wie einst Laurier, der Franco-Kanadier[245]), so erliegt auch er der Macht und Größe des Britischen Reichs. Sein Volk, sein Land werden Teil dieses Imperiums sein, werden frei sein und doch dem Ganzen und der Welt dienen[246]). — —

Der Intellektuelle vergißt die Grenzen des Gefühls[247]).

* * *

Die Verfassung der Union scheint den Grundstein zur Verwirklichung des neuen Südafrika zu legen, doch schon das Frühjahr 1913 zeigt den Führern, wie schwach die gewollte Einordnung der Buren in das englische Weltreich sein

Table 34, 702 ff. — Juni 1921. Auch der (bisher ergebnislose) Versuch, Einfluß auf den Hafen von Laurenzo Marques (Delagoa-Bai) zu erlangen, fällt in dieselbe Richtung. — Ausführlich: (Mozambique-Konvention). Journal III, 665 ff. — Juli 1922, III, 911 ff. — Okt. 1922, IV, 387 ff. — April 1923; Round Table 51, 654 ff. — Juni 1923.

[242]) „Er ist kein rednerischer Zauberkünstler, sondern zieht es vor, unangenehme Wahrheiten öffentlich zu verkünden . . . So ist er in keiner Weise Gegenstand persönlicher Vergötterung durch seine Anhänger. Das Geheimnis seiner Macht ist seine Schau von der zukünftigen Größe seines Landes.“ Times, 24. Sept. 1923.

[243]) Cape Times, 10. März 1921.

[244]) „Des einen Macht war moralisch, des anderen geistig. .— Sie ergänzten sich, waren unentbehrlich füreinander, ihre Arbeit ist nicht zu trennen.“ Round Table 37, 108 — Dez. 1919.

[245]) Vagts, 223.

[246]) Smuts: „The old world is a sad, sad world . . . Aber als einzig sicheres in der jetzigen schwankenden Welt steht das Britische Reich“ (Star — 1. Sept. 1921). „Es ist nicht nur materiell, sondern auch politisch und moralisch allen anderen Staaten überlegen.“ (Manchester Guardian — 7. August 1919.) Mit Europa geht es abwärts, aber der Tag der jungen Völker, der Tag Südafrikas ist gekommen.“ (Ebendort.) Siehe auch African World, 9. Juli 1921. Financial News, 18. Okt. 1923. Berliner Tageblatt, 19. Okt. 1923.

[247]) Vgl. dazu: „Sein Trost und seine Freude ist seine Philosophie. . . . Er sucht das Landleben nur zur Ruhe, zur Selbstbesinnung und zum Nachdenken über die ewigen Wahrheiten“ — und zugleich: „Allen Ernstes sehen nicht nur seine Feinde Smuts als den Macchiavelli des zwanzigsten Jahrhunderts an. . .“ African World, 20. Nov. 1915. Und nüchterner: „Er ist trotz seines weiten Blicks nicht der Volksführer, wie . . . . Botha, ... sondern hat die Kälte . . . . geistiger Überlegenheit.“ Spectator, 14. Febr. 1925; ebenso Manchester Guardian, 1. Sept. 1919.

kann: General Hertzog, Bothas Justizminister, vereinigt sich mit den Unversöhnlichen zur Nationalisten-Partei und steht von nun an mit dem offenen Ziel der „Sezession“ (Trennung von England) dem anderen Extrem, den jingoistischen Unionisten Kaplands und Natals gegenüber, die nur das eine erstreben: Englands Einfluß zu stärken[248]).

Aber noch haben Botha und Smuts die Mehrheit des Landes hinter sich[249]), und das Wort vom „ganzen, ungeteilten Südafrika“, das die Besetzung Deutsch-Südwests rechtfertigt, findet bei allen Afrikandern seinen Widerhall[250]).

Die Entwicklung des Krieges führt Smuts als Mitglied des Reichskriegskabinetts 1917 und 1918 nach England[251]), mit seinem Premier zusammen unterzeichnet er den Vertrag von Versailles[252]). Kaum nach Südafrika zurückgekehrt, stirbt Louis Botha, und der Freund erneut an seinem Grabe das Versprechen: „Ein Land, ein Volk soll Südafrika sein!“[253])

Doch jetzt fehlt der Mann, um dessentwillen viele Buren der Südafrikanischen Partei angehörten, und Smuts Stellung im Reich, sein Bekenntnis zu England machen ihn verdächtig[254]). Seine Gegner nennen ihn „fiery Imperialist“, und der Hinweis auf die errungene und behauptete Autonomie erscheint schon gering gegen die Forderungen und Versprechungen Hertzogs[255]).

Die Neuwahl im Sommer 1920 schwächt die Mittelpartei:

---

[248]) Absatz ausführlich in Nathan, 207 ff., Cape Times, 26. Febr. 1921.

[249]) Die südafrikanische Partei befindet sich jedoch schon seit 1915 in der Minderheit und hat die inoffizielle Unterstützung der Unionisten. Round Table 37, 201 — Dez. 1919.

[250]) Deutsche Kolonialzeitung, 20. Juli 1918. Zugleich lebt auch die Agitation für die südafrikanische nationale Republik wieder auf. Auch wirtschaftliche Gründe (Zwangsverkauf der Wolle durch die Regierung nach London zu Friedenspreisen) helfen der Bewegung. Round Table 29, 193 ff. — Dez. 1917. Round Table 35, 623 ff. — Juni 1919.

[251]) Hauptsächlich wegen seiner Kenntnisse und Erfahrung in Reichsfragen. Manchester Guardian, 19. Juni 1917. Le Temps, 19. Dezember 1918.

[252]) Botha schrieb bei der Unterzeichnung des Diktats auf ein Blatt für Smuts: „I look back in thought to May 31., 1902“ (Compact of Vereeniging). Round Table 37, 107, — Dez. 1919.

[253]) Smuts in Pretoria am 30. August 1919; Times, 2. Sept. 1919. Botha starb am 28. August 1919. Smuts: „Our white population in South Africa is too small to be divided.“ African World, 27. Sept. 1919.

[254]) Times, 6. Sept. 1919; Round Table 38, 484 — März 1920.

[255]) Round Table 37, 199 — Dez. 1919. Hertzog: „Jetzt sehen uns die Engländer als minderwertig an. . . Erst die unabhängige südafrikanische Republik wird beide Rassen vereinen. . . . Sie wird in absehbarer Zeit kommen.“ Cape Times, 10. März 1921.

Nationalisten	41	kurz vorher	27
Südafrikan. Partei	44		53
Unionisten	25		38
Arbeiter	21		6
Unabhängige	3		6
	134		130[256]).

Aber auch die Unionisten büßen stark ein, und zum erstenmal erscheint die Arbeiterpartei als politischer Faktor. Die Regierungsmehrheit ist allzu schwach (69 zu 65), und so erklärt sich Smuts zur Wiedervereinigung mit den Nationalisten bereit. Auf dem Kongreß von Bloemfontein drängt er mit überlegener Geschicklichkeit seine Gegner in die Rolle der Schuldigen am Scheitern der Verhandlungen, verschmilzt sofort darauf die Unionisten mit seinen Anhängern zur neuen, „nicht rassegebundenen" Südafrikanischen Partei, löst das Parlament auf und geht mit dem Feldgeschrei in den Wahlkampf: „Zerschmettert die Sezessionisten! — Nicht Südafrika eine Republik, sondern Südafrika eine Nation!"[257])

78 Südafrikaner gegen
44 Nationalisten und
11 Arbeiter (dazu ein Unabhängiger)[258]),

das ist sein Sieg. Stadt und Land, „Rand" und „Veld" sind zum erstenmal, wenn auch nicht vollständig, vereint. Selbst die Unionisten haben in der Mehrzahl den Afrikander-Gedanken anerkannt; — aber die Nationalisten sind die alte Phalanx geblieben[259]).

* * *

[256]) Round Table 39, 684 — Juni 1920.

[257]) Absatz und Zitat nach Round Table 42, 428 ff. — März 1921. daneben Round Table 41, 106 ff. — Dez. 1920. Robinson, 460 ff. African World, 3. Juni 1922. Kongreß zu Bloemfontein 22. Sept. 1920. In einem „offenen Brief" legt Smuts vorher seine Stellung dar: „1. The people of South Africa does not desire to limit its future political development as a free people.... It recognises at the same time that any far-reaching change in our form of Government can only rest ... on the broad basis of the united will of the people ... 2. .... it is not in the best interest of South Africa to agitate for any change in our form of government as laid down in the Constitution.... 3. No obligations or responsibilities towards other parts of the British Empire, or other countries shall be undertaken which are contrary to the interests of South Africa or which detract from the existing status of South Africa." Smuts in Johannesburg: Was bedeutet Sezession? Trennung der Engländer und Holländer in der Union, Untergang des zivilisierten Südafrika. Star, 1. Dez. 1920. Smuts in Pretoria, 3. Dez. 1920: „The South African Party is out for so vereign statuts for South Africa!" Auflösung des Parlaments 31. Dez. 1920 Neuwahl 8. Februar 1921. Round table 42, 339 ff. — März 1921.

[258]) Round Table 42, 341 — März 1921.

[259]) Round Table 42, 345 f. — März 1921.

Die Wirtschaft tritt hiergegen als entscheidender Faktor ganz zurück. Die Regierungspartei enthält Freihändler und Schutzzöllner, Farmer-, Fabrik- und Handelsvertreter, und dennoch arbeitet sie überraschend gut zusammen. Die Nationalisten sind keine reine Landpartei mehr, sondern treten auch für Industrieinteressen ein, und nur die Arbeiter haben ein eindeutiges Ziel im Kampf um günstigere Bedingungen in Minen und Fabriken, insbesondere auch durch Verringerung der Schwarzenarbeit [260]).

Smuts findet in den neuen Verhältnissen der Nachkriegszeit die neuen Aufgaben der Wirtschaftspolitik. Hat er vor den Wahlen noch Reformen und Entwicklung nur in allgemeinen Ausdrücken angekündigt [261]), so werden allmählich seine Absichten deutlich: Neben die Exportförderung landwirtschaftlicher Erzeugnisse soll vor allem die Begünstigung der heimischen Industrie treten. Der Premier bekennt sich zu einem „maßvollen, gesunden Programm von Schutz und Unterstützung" und erklärt: „Wir sind ja alle Schutzzöllner und müssen uns nur über die Wege einig werden [262])."

Die Handelskreise (Kapstadt!) und die Minen protestieren laut [263]), doch Smuts läßt, um den letzteren einen brauchbaren Ersatz für die Steigerung der Produktionskosten zu geben, durch die „Chamber of Mines" das 1918 mit den Arbeitern getroffene Abkommen kündigen, um 2000 Weiße im Witwatersrand durch Schwarze zu ersetzen. Anfang März 1922 bricht hier die „Revolution" aus, aber der Premier, kalt und erbarmungslos, schlägt den Aufstand blutig nieder [264]).

---

[260]) Round Table 46, 424 ff. — März 1922. Round Table 48, 892 ff — Sept. 1922. „In der südafrikanischen Partei herrscht Einigkeit nur darin, die Besitzenden zu schützen und den Arbeitern die Lasten aufzubürden." Round Table 46, 425 — März 1922.

[261]) Siehe Smuts' große Wahlrede in Pretoria, 3. Dez. 1920. Cape Times, 4. Dez. 1920.

[262]) Smuts, 22. Mai 1922, Journal III, 681 — Juli 1922; ebenso laut Cape Times, 25. April 1923 und Governor-General 11. März 1921, Journal II, 437 f. — April 1921. Smuts' Wirtschaftsprogramm: "a) encouragement of agriculture, b) founding of new industries, c) controlled immigration of Europeans of good quality and economic status, d) improvement of the quality of the existing white population, especially in the lower ranks." (Die armen Weißen, die man nicht ansiedeln kann.) Round Table 48, 900 — Sept. 1922.

[263]) Star wie Cape Times Frühjahr 1921, ebenso die englischen Interessenten. Siehe Times, 29. Nov. 1918. Economist, 9. Dez. 1922.

[264]) Die gleiche „Regierungsmethode", wie Smuts sie bereits Mai-Juni 1913 und Jan. 1914 anwandte. Siehe Anm. 301.

Dieses „Eintreten für die Hochfinanz“[265]) macht Gewerkschaften und Arbeiterabgeordnete zu seinen erbitterten Feinden. Seine Erziehungspolitik der Eingeborenen, obgleich sie sehr vorsichtig und langsam erfolgt, findet den Widerstand von Labourparty und Nationalisten gleichermaßen. Die Vereinigung mit den Unionisten verstimmt viele Buren, und da Hertzog zugibt, daß die Trennung von England zwar das Ziel, aber zur Zeit „keine Frage der praktischen Politik“ sei, so finden sich die beiden Gegner der Regierung im Wahlpakt vom 21. April 1923[266]).

* * *

Nachwahl auf Nachwahl verliert Smuts; als seine Mehrheit auf acht Stimmen sinkt, löst er im April 1924 das Parlament auf.

„Kampf gegen das Minenkapital“ ist die Parole der Verbündeten; die Nationalisierung der Bergwerke steht unausgesprochen im Hintergrund. Besserung der Lebensbedingungen des Rands erhoffen die Arbeiter, Freiheit von der „landtax“ und der finanziellen Abhängigkeit von England die Nationalisten[267]).

Die Wahl des 17. Juni 1924 stürzt Jan Christiaan Smuts. Der letzte Kriegsführer des englischen Reiches tritt ab; und die Arbeit von zwanzig Jahren scheint zerschlagen.

Nationalisten	63	kurz vorher 48
Südafrikan. Partei	53	71
Arbeiter	18	13
Unabhängig	1	2
	135	134[268]).

Aber „General Hertzog hat sein Wort gegeben, nicht für die Trennung zu wirken, ehe das **ganze** Land, Engländer wie Holländer, es wünscht, und sein Wort wird General Hertzog nicht brechen!“[269])

Mag die künftige Wirtschaftspolitik die nationalen Interessen noch stärker betonen als die bisherige[270]), —

[265]) Die Arbeitervertreter im Parlament. Journ. III, 430 ff. — Apr. 1922.

[266]) Der „Pact“ bestimmt, daß während der Dauer des nächsten Parlaments alle Sezessionsbestrebungen zu unterbleiben hätten. Zu den Wirtschaftsgegensätzen der Parteien siehe Gregory, 125 ff., Round Table, 52, 863 ff. — Sept. 1923, Round Table 57, 191 ff. — Dez. 1924 sowie die Wahlreden von Smuts in Ons Land, 26. April und 15. Mai 1924.

[267]) Zitat nach Round Table 52, 866 — Sept. 1923. Absatz nach Round Table 32, 876 f. — Sept. 1918, Round Table 55, 612 ff. — Juni 1924.

[268]) Harrison, 33.

[269]) Spectator, 14. Febr. 1925.

[270]) Wirtschaftsdienst, 6. Jan. 1925.

scheidend für das Verhältnis Südafrikas zum Imperium bleibt: Die Trennung der zwei Rassen ist wieder fast voll wirksam, und dennoch besteht der Afrikander-Gedanke weiter, wenngleich er sich seinen sichtbaren Ausdruck noch nicht errungen hat [271]).

Wirtschaftspolitik.

„Erst dann wird die republikanisch-separatistische Bewegung in Südafrika wirklich getötet sein, wenn die Dominien in jeder Beziehung gleichberechtigte Nationen im Britischen Commonwealth sind" [272]) Smuts ist der Vorkämpfer der Autonomie [273]).

Auf der Reichskonferenz 1923 wiederholt er für die Wirtschaft diese Forderung: „Die Dominien erwarben ihre Unabhängigkeit zuerst auf fiskalischem Gebiet." „Wir beanspruchen für uns vollkommene wirtschaftliche Handlungsfreiheit." Und er zieht jetzt wie vorher die notwendige Folgerung: „Die Union wird nie die englische Regierung nötigen, ihre Steuerpolitik zu ändern. Großbritannien muß selbst seine innere Politik bestimmen" [274]).

Dennoch unterstützt Smuts Australiens Verlangen nach Zollbevorzugung [275]), und als die Verwirklichung der konservativen Versprechungen (siehe Seite 45) in Frage gestellt scheint, da tritt er offen fordernd auf: Die Dominien könnten mit Recht fragen: „What is the use of it all?" [276]) Nicht nur das Konferenzsystem würde diskreditiert, sondern bei Ablehnung der zugesagten Vorzugszölle durch Macdonald und die neue Mehrheit des britischen Parlaments sei auch die Preference in Gefahr, die England im Reich genieße! [277])

Der „Dominion point of view" tritt in der praktischen Politik kraß heraus. Der für Südafrika günstige Beschluß

[271]) Siehe dazu Blumhagen, 19 f., und die Bemühungen um Rhodesien. Auch die Ersetzung des Hochholländisch durch das „Afrikaans" als offizieller Amtssprache (neben Englisch) fällt in diese Entwicklungsrichtung. Journal VI, 396/404 — April 1925.

[272]) Financial News, 13. Juni 1921.

[273]) Die Begründung aus dem starken republikanischen Gefühl unter den Buren ausführlich bei Keith, 314.

[274]) Cmd. 2009, 45 ff. Ebenso Smuts in Pretoria nach Times, 28. Sept. 1923.

[275]) Smuts in der Programmrede vor der Konferenz. African World, 21. Juli 1923. „Sie können nicht verlangen, daß die Dominien große Scharen von Einwanderern . . . aufnehmen, und zu gleicher Zeit sich weigern, den Dominien beim Absatz ihrer Güter zu helfen." Smuts auf der Konferenz. Cmd. 2009, 47.

[276]) Smuts 15. Dez. 1923 in Johannesburg, Times, 17. Dez. 1923.

[277]) "Why continue giving preference to Great Britain if the British electorate is hostile to these preferences?" usw. wie im Text. Times, 22. Dezember 1923.

soll selbst das Parlament zu Westminster binden, der „Runde Tisch“ der Ministerpräsidenten soll die Entscheidung treffen können, um den Wirtschaftsvorteil zu sichern.

Doch im Vereinigten Königreich fragt man, kaufmännisch und empört zugleich: Wo wäre denn überhaupt die Gegenseitigkeit?! [278]).

* * *

Zwar sind die Vergünstigungen, die Großbritannien gewährt, nur gering: Tabak und Wein genießen seit 1919 Bevorzugung; die Ausdehnung auf Obst und Rosinen, die man 1923 in Südafrika mit einiger Hoffnung erwartete [279]), wird zusammen mit der Verdoppelung der Wein-Preference erst 1925 für getrocknete Früchte verwirklicht.

Doch das Entgegenkommen der Union auf diesem Gebiet ist nur wenig größer: Der südafrikanische Zolltarif dient vorwiegend Finanzzwecken. Eine umfangreiche Freiliste von landwirtschaftlichen, industriellen und kulturellen Bedarfsartikeln, ein 3%iger Wertsatz auf Maschinen, Metalle und Metallwaren, Eisenbahnmaterialien, Papier usw. werden ergänzt durch 25%ige Belastung der Luxus- (und weniger Verbrauchs-) Güter, einige spezifische und gemischte Zölle und 20% Wertzoll auf alle nicht genannten Waren. England, Kanada, Australien und Neuseeland genießen allgemeine 3%ige Zollbevorzugung [280]).

Weit wirksamer als diese geringe Preference, die 1919 nur den Betrag von 662000 £ ausmachte [281]), ist für die englischen Exporteure die Bevorzugung durch die Minengesellschaften und die Verbraucher gegenüber der fremden Konkurrenz.

Aber immer stärker sehen sie sich durch das neue südafrikanische Industriestreben bedroht.

---

[278]) African World, 29. Dez. 1923, Times, 28. Febr. 1924.

[279]) Smuts 23. Juni 1923 in der Programmrede zur Konferenz. Journal IV, 889 ff. — Okt. 1923. Ebenso Smuts in Pretoria, 4. Sept. 1923. Cape Times, 5. Sept. 1923. “Years ago I saw a great vision of one huge orchard around the Mossel Bay . . .” (Smuts, 15. Dez. 1923), African World, 12. Jan. 1924.

[280]) Zolltarif siehe Harrison, 213 ff., Times, 10. April 1920. (Dort besonders Hinweise auf die in jedem Jahr erfolgten Zollermäßigungen auf Roh- und Hilfsmaterialien zugunsten heimischer Industrien.) Der Tarif enthalte nur 193 Positionen, Weltwirtschaftl. Nachr. 2. Februar 1921. Einnahmen der Union 1921/22: Zölle: 5,3 Mill. £, direkte Steuern 13,9; Gesamt 28,8. Die Provinzen haben nur geringe Besteuerungsrechte. (3,7 Mill. £). Journal III, 683 — Juli 1922.

[281]) Weltwirtschaftl. Nachr. 9. Aug. 1922, 1924/25: 860000 £. Journal VI, 404 — April 1925.

Nachdem im Mai 1921 ein Einfuhrverbot auf Lederschuhwaren zur Unterstützung der heimischen Fabrikanten erlassen wurde[282]), folgt noch im gleichen Sommer die Schaffung des „Board of Trade and Industries" als dauernder Einrichtung mit dem Zweck, die „wissenschaftliche Grundlage" einer künftigen protektionistischen Handelspolitik vorzubereiten[283]).

Mit Zollgesetz vom 22. Juli 1922 werden Anti-Dumping-Zölle vorgesehen und scharf gehandhabt, um für eingeführte Waren den Inlandspreis zu erreichen, wenn eine heimische Industrie ernsthaft geschädigt („seriously affected") wird[284]). Englischer Zement und Superphosphat werden u. a. mit diesem Strafzoll belegt, desgleichen Weizenmehl jeglicher Herkunft, um eine heimische Mühlenindustrie zu schaffen[285]).

1923 verschärft Smuts die Anti-Dumping-Bestimmungen noch[286]), und als das „Permit-System" (Lizenzen, fast nur auf Luxusfußzeug erteilt) für Schuhe und Stiefel sich als unhaltbar erweist, wird es am 30. Juni 1923 durch einen Schutzzoll von 30% (englischer Vorzugszoll 27%) ersetzt[287]). Zum erstenmal sieht der südafrikanische Tarif einen Satz in dieser Höhe!

Bereits im Budget des Vorjahres war der Zoll auf wollene und baumwollene Decken von 20% auf 25% erhöht[288]) und eine staatliche Wollfabrik in Durban gegründet wor-

[282]) Zunächst auf ein Jahr, wird dann jedoch bis zum 30. Juni 1923 verlängert. Nur in Ausnahmefällen werden Lizenzen gewährt. Harrison, 285. Journal III, 679 ff. — Juli 1922. Einfuhr von Schuhen und Stiefeln 1920: 5 359 000 £, 1921: 769 000 £. Journal III, 682 — Juli 1922.

[283]) 6. Juli 1921 errichtet. Er soll Klagen über den Tarif hören und die Regierung bei der Unterstützung und Entwicklung der Industrien beraten. Journal II, 932 ff. — Okt. 1921. Smuts 22. Mai 1922 zum Industrieschutz: „High protection meant high prices, high prices meant high wages (usw.) ... But there was no reason why they should not steadily and moderately move forward in shaping their industrial position." Journal III, 682 — Juli 1922.

[284]) „Customs Amendment Act, 1922", Sect. 6. Harrison, 235/6. Commerce Reports, 25. Sept. 1922.

[285]) Harrison, 236, African World, 27. Januar 1923. Über den Mehlzoll ausführlich Star, 27. März 1924. Vgl. auch das Verbot der Zuckereinfuhr zugleich mit Höchstpreisregulierung (30. Juni 1922). Harrison, 285.

[286]) Ausführlich Harrison, 237 ff.

[287]) Nach fünf Jahren soll jährlich eine Zollherabsetzung um 2½ % erfolgen. — Zugleich wird die Einfuhr von Kunstleder verboten. Journal IV, 613 — Juli 1923, Harrison, 213 f. und 286.

[288]) Board of Trade Journal, 18. Mai 1922. Zugleich erhielt die Regierung die Ermächtigung, Rohstoffe und Halbfabrikate für Weberei, Wirkerei, Decken-, Sack- und Farbenfabrikation auf die Freiliste zu setzen. Yearbook 1923, 702.

den[289]). Mögen diese beiden Maßnahmen, vorerst nur in sehr beschränktem Maße wirksam, für die Zukunft den englischen Absatz stärker gefährden, so ist das gleiche bei Eisen und Stahl der Fall.

Durch Gesetz vom Herbst 1922 werden Prämien auf heimische Erzeugung aus heimischen Erzen eingeführt[290]), mit der „South African Iron and Steel Corporation" (vormals Pretoria Iron Works) ein Vertrag abgeschlossen, daß die Eisenbahnverwaltung 17 Jahre lang 50% aller Schienen und sonstigen Materialien von der Gesellschaft bezieht[291]), und im Frühjahr 1924 will Smuts diesen Teil seiner „vorgeschrittenen" Industriepolitik durch die Schaffung einer großen nationalen Eisenbahnbauanstalt krönen, die mit südafrikanischen Arbeitern südafrikanisches Material verwenden und besonders den Lokomotivbau aufnehmen soll[292])! Sein Eisenbahnminister Jagger tritt zurück, da er glaubt, diese Pläne nicht mehr verantworten zu können[293]).

* * *

Die englischen Handelsvertreter und Konsuln auf der ganzen Erde den Dominien zur Verfügung zu stellen, hatte Smuts noch auf der Reichskonferenz von 1921 angeregt, doch zur Reichswirtschaftskonferenz 1923 verteidigt er auch unabhängige „Trade Commissioners", „da die Interessen der verschiedenen Reichsteile oft verschieden" seien und „die Entwicklung Südafrikas . . . . . notwendigerweise die weiteste Ausdehnung seiner Märkte in anderen Ländern erfordern" würde[294]).

---

[289]) Weltwirtschaftl. Nachr. 9. Aug. 1922.

[290]) Wenn das Werk mindestens 50 000 t jährlich erzeugt, erhält es 1924/25 — 1926/27: 15 s. per t, dann jährlich um $2^1/_2$ s. fallend. Yearbook, 1923, 678/9, Harrison, 362. Smuts führt Kanadas erfolgreiches Vorgehen und Australiens jetzigen Versuch als Vorbilder an. Journal III, 186 — Juli 1922.

[291]) Blumhagen, 46.

[292]) Smuts, 23. April 1924 in Pretoria. Times, 24. Mai 1924. Außerdem plant er Schaffung eines Handels- und Industrieministeriums und einer Industriebank. Ebendort. Das „Tender Board" gibt bereits 10 % Vorzug an südafrikanische Industrien bei Ausschreibungen. Bei der Elektrifizierung der südafrikanischen Eisenbahnen, die zum großen Teil nach London vergeben wurde, werden die Kupferminen der Union infolge 9 % Vorzug zu Lieferanten des Kupfers. Journal III, 679 ff. — Juli 1922. „I think . . . I have been the principal missionary, so to say, in the cause of industries in this country." Smuts, 24. April 1923. Cape Times, 25. Apr. 1923

[293]) African World, 14. Juni 1924.

[294]) Cmd. 2009, 45 ff. Dort und in der Programmrede vor der Konferenz (African World, 21. Juli 1923) ausführliche Ausführung und Begründung. — Siehe auch die Kritik der veränderten Haltung im Parlament,

Und nach einer großen Ausstellung in Amsterdam vom 19. März bis 12. April 1921[295]) erfolgte schon Ende 1921 trotz zahlreicher Proteste die Ernennung eines Deutschen zum Handelsagenten für Kontinentaleuropa[296]). Durch Ausfuhr-Prämien der Regierung auf Schlachtvieh und Fleisch unterstützt[297]), müht sich Herr Spilhaus erfolgreich um den Absatz südafrikanischer Landwirtschaftsprodukte und die Herstellung von Geschäftsverbindungen aller Art vornehmlich in Deutschland und Holland[298]).

Die englische Öffentlichkeit kann im Herbst 1923 mit Recht jeden Angriff auf die Wirtschaftspolitik des Vereinigten Königreichs zurückweisen und zusammen mit den südafrikanischen Briten die mangelhafte Bevorzugung des Reichshandels beklagen.

* * *

Während Smuts die Freihandelsforderung der Bergwerke zugunsten des Industrieschutzes mehr und mehr zurückdrängt, während er erreicht, daß 1920 schon 57,2%, 1924 gar 61,7% vom Gesamtbedarf des „Rand" aus der heimischen Wirtschaft geliefert werden[299]), gewährt er den Minen, diesem größten südafrikanischen Erwerbszweig, auf anderen Gebieten die dadurch notwendige Unterstützung: (Siehe auch Seite 65/66)[300]).

---

23. Juni 1923. Journal IV, 802 — Okt. 1923. Die Notwendigkeit neuer Märkte außerhalb des Reichs bereits stark betont im Interview mit dem Vertreter von Reuter. Financial News, 13. Juni 1921.

[295]) Es ist die erste große Ausstellung nach dem Kriege. African World (Exhibition Number), 23. April 1921.

[296]) Die Cape Times ist im November - Dezember 1921 voll von „imperialistischen" Protesten. — Smuts verteidigt die Wahl mit der besten Eignung. Journal III, 451 — April 1922.

[297]) „Beef Export Bounties Act", 15. Mai 1923. Schlachtvieh ¼ d. per lb., Fleisch ½ d. per lb. Smuts hofft auf 50—100 000 Haupt Ausfuhr. Australien ist das Vorbild. Journal IV, 633 ff. — Juli 1923. Die Farmer genießen auch Exportvorzugsraten auf der Eisenbahn. Ausführl. Harrison, 41. Smuts betont zu gleicher Zeit immer wieder, Organisation und Qualität seien vor allem nötig. „Wir exportierten Fleisch, das uns in Verruf brachte, und Wein, der so schlecht war, daß er keinen Markt finden konnte." Journal III, 681 f. — Juli 1922, Cape Times, 25. April 1923, African World, 21. Juli 1923.

[298]) Siehe den Angriff der Times, 28. Febr. 1924: „Where is the spirit of reciprocity?" — Ähnlich African World, 14. April 1923.

[299]) Wirtschaftsdienst, 26. Juni 1925.

[300]) Hilfe wurde schon infolge der allgemeinen wirtschaftlichen Depression (und besonders der Steigerung des südafrikanischen Pfundes) notwendig. Siehe das trübe Bild, das der Governor-General am 17. Februar 1922 im Parlament zeichnet. Journal III, 423 — April 1922. Wegen Unrentabilität der halben Minen infolge der Kriegslöhne verlangt eine Juni 1919

Durch die Unterdrückung der Märzunruhen 1922 in Witwatersrand und den damit für die Arbeiter erfolglos beendeten Streik erreicht der Premier die Angleichung der Löhne an den (in Papier-Pfunden) gesunkenen Goldpreis und zugleich die Ausdehnung der Schwarzenarbeit [301]). Durch die Siedlungs- und Erziehungspolitik an den Eingeborenen schafft er die Grundlage für ihre zukünftige noch größere Verwendung in Bergwerk und Industrie [302]).

Das „Native Affairs Act" 1920 richtet eine — zwar noch sehr beschränkte — Selbstverwaltung in den Negerbezirken unter weißer Oberaufsicht ein und sieht Eingeborenenkonferenzen vor [303]); das „Urban Areas (Natives) Act" 1923 zwingt die Gemeinden zur Verbesserung der Wohnverhältnisse der Schwarzen und ermöglicht die Schaf-

---

eingesetzte Regierungskommission im Mai 1920 Ausdehnung der Schwarzenarbeit. Bis zum Dez. 1921 wird erfolglos mit den Gewerkschaften verhandelt, da die Arbeiter streng die (gesetzliche wie weitere private) „colour bar" wirksam halten. Als endlich die „Chamber of Mines" Änderung der Arbeitsbedingungen (der privaten, „conventionellen" colour bar) ankündigt, beginnt am 10. Januar 1922 der Streik. Round Table 46, 425 ff. — März 1922.

[301]) Am 6. März 1922 kommt es zur bewaffneten Empörung, die Smuts in einer Woche mit militärischen Mitteln (Artillerie, Bombenflugzeuge) niederschlägt. Streik und Widerstand der Arbeiter ist damit beendet. Eine Kommission über die konventionelle „colour bar" entscheidet später dahin, daß kein künstliches Verhältnis festgesetzt, sondern dem Arbeitgeber möglichste Freiheit gewährt werden solle. Journal III, 423 ff. — April 1922 (auch ausführl. zur Vorgeschichte), Journal III, 679 ff. — Juni 1922, Round Table 47, 653 ff. — Juni 1922. Round Table 50, 422 ff. — März 1923.

Zahl der Arbeiter in den Minen:

	weiße	schwarze	Verhältnis:
1904:	14 535	96 255	1 : 6,6
1921:	18 949	164 280	1 : 8,3
1924:	17 148	174 253	1 : 10,2

(nach der Rebellion)

The South African Nation (Kapstadt) — 3. Okt. 1925.

[302]) Bisher war nur März 1913 das „Natives Land Act" erlassen worden, das den Schwarzen Landkäufe verbot und die Segregation (Absonderung von den Weißen) vorsah. Doch die Vorschriften wurden nur in geringem Maße durchgeführt, und der erneute Versuch Bothas und Smuts 1917 („Native Administration Bill", in der die Industriebezirke von der Trennung ausgenommen waren) wurde nicht verwirklicht. Seitz, 185 ff. Round Table 32 und 34 — Sept. 1918 und März 1919.

[303]) Erste Konferenz Bloemfontein April 1923, zweite in Pretoria 24.—26. Sept. 1923. Hier wurde über begrenzte Besprechungen hinaus ein „allgemeiner parlamentarischer Rahmen" verlangt und eingerichtet, jährliche Tagung und demokratische Vertretung angeregt. Round Table 53, 175 ff. — Dez. 1923. Die „councils" der Selbstverwaltungsbezirke haben das Recht zu Verkehrs-, Gesundheits- und Erziehungsmaßnahmen und können jeden männlichen erwachsenen Eingeborenen bis zu 1 £ jährlich besteuern. Journal I, 554 ff. — Juli 1920.

fung besonderer Viertel in den industriellen Bezirken[304]). Die geplante Schul- und Erziehungsform, deren erster Schritt die Übertragung der bestehenden provinziellen Rechte auf die Union sein sollte, kommt nicht mehr zur Ausführung[305]), und die nationalistische Regierung schiebt dieser gefährlichen Möglichkeit durch die ausdrückliche Beschränkung des Wirkungskreises des „Union Department of Education" sofort einen Riegel vor[306]).

Denn Hertzog erstrebt noch immer „jene kurzsichtige, unnatürliche ‚White-South-Africa'-Politik" (Smuts)[307], die dem Europäer die Stellung des Herrn bewahren, die Bestimmung der für die Schwarzen erlaubten Arbeitsgebiete („colour bar") ganz in das Belieben der Regierung stellen und die unabhängigen Neger auf Reservate beschränken will[308]).

Die weißen Arbeiter stimmen aus Konkurrenzfurcht voll und ganz zu und hoffen zugleich, daß die Ausdehnung der „colour bar" helfen wird, das Problem der „armen Blanken" zu lösen, jener heruntergekommenen Weißen, die, statt zu arbeiten, Mischlinge in die Welt setzen[309]).

Auch Smuts hatte deren Zahl — 150 000! — vergeb-

---

[304]) Das Gesetz trat am 1. Jan. 1924 in Kraft. Den Eingeborenen ist nur Pacht des Landes erlaubt. — Außer in Durban und Bloemfontein sind die Wohnverhältnisse der Schwarzen in den Städten sehr reformbedürftig. Times, 9. Febr. 1923, Round Table 53, 174 f. — Dez. 1923.

[305]) Bereits 1922 sah das „Financial Relations Act, 1922" vor, „to deprive the provinces of the right to tax natives, the Union Government however asuming responsibility for all further increase in the cost of native education." (Round Table 48, 896 — Sept. 1922). Anfang Sommer 1924 fordert dann die „Education Administration Commission" die Einheitlichkeit aller Erziehung und deshalb ein „Union Board of Education". (Round Table 56, 822 ff. — Sept. 1924.)

[306]) Es überließ den Provinzen die „primary and secondary" Erziehung. — Ausführlich Round Table 58, 400 ff. — März 1925.

[307]) Journal VI, 383 — April 1925.

[308]) „Mines and Works Act Amendment Bill" am 25. Febr. 1925 vor dem Parlament. Die Festsetzung der „colour bar" soll bei Minen, Fabriken usw. ganz in das Belieben der Regierung gestellt werden. Das Unterhaus nimmt das Gesetz an, der Senat hat es bisher abgelehnt. Journal VI, 381 ff. — April 1925. „In its implications this Bill will be taken as an outrage and an insult not only by black Africa, but by yellow Asia." Smuts, ebendort 385. Zur geänderten Stellung und den neuen Forderungen der Eingeborenen vgl. u. a. die Resolutionen des „Native National Congress" zu Bloemfontein, 24. Mai 1923. (Cape Times, 30. Mai 1923.) Zum Wirtschafts- und Kulturproblem siehe auch Knowles, 48 ff., Nathan, 221 ff. Von 4 417 665 Schwarzen (1916) wohnen 1 264 593 auf europäischem Landbesitz (meist als Knechte mit Familie, ihre Herren würden ihre Absonderung ablehnen), 537 151 in industriellen und Minenbezirken. Nathan, 234.

[309]) Gregory, 125 ff.

lich zu mindern versucht[310]), und sie waren ihm warnendes Beispiel dafür, daß „der gewöhnliche Einwanderer, der Mann ohne Mittel, der Mann, dessen einziges Kapital Hand und Hirn sind, keinen Platz in Südafrika hat“ [311]).

* * *

Dies unterscheidet die Union grundsätzlich von den anderen Dominien: „The South-African representatives wish to make it clear that the limited field for white labour in South Africa will preclude co-operation by the Union Government on the lines contemplated by the other Dominions.“ (Reichskonferenz 1921[312]). England kann keine Mitarbeit an Reichssiedlung und -wanderung erwarten[313]).

Unter dem „Imperial Oversea Settlement Scheme“ wandern seit seiner Anwendung Mai 1919 bis zum 31. Dez. 1921 nur 3022 Siedler, darunter viele Soldaten[314]), unter dem am 31. Mai 1922 folgenden „Empire Settlement Act“ in zwei Jahren ganze 13 (?) Menschen aus dem Vereinigten Königreich in die südafrikanische Union aus[315]).

Durch den High Commissioner in London und seine Propaganda dagegen sowie durch die „1820 Memorial Settlers Association“ sucht der Premier kapitalkräftige Elemente ins Land zu ziehen, Leute mit mindestens 2000 £ für Ackerbau und Schafzucht, mit 10 000 £ für Großviehzucht, Kapitalisten, Reisende und Rentner, die „an attractive country“ suchen, „in which to live and draw one's Dividends“ [316]).

1029 Siedler mit $2^3/_4$ Millionen £ Kapital sind von Anfang 1921 bis Mitte 1923 der Erfolg[317]), und Smuts be-

---

310) Journal III, 934 — Okt. 1922.

311) Cmd. 2009, 45, „unser gewöhnlicher Arbeiter ist der Schwarze“. (Smuts.) African World, 21. Juli 1923.

312) Entschließung in Cmd. 1474, Anhang X.

313) Vorschüsse und Unterstützungen aus den betreffenden englischen Gesetzen erhalten Auswanderer nach Südafrika wegen fehlender Abkommen der Unionsregierung nicht. Journal III, 930 — Okt. 1922, Journal IV, 898 — Okt. 1923.

314) Ausführlich Journal III, 666 ff. — Juli 1922.

315) Vagts, 213.

316) Ausführlich Smuts in Journal III, 929 ff. — Okt. 1922, Cmd. 2009, 46 ff., Round Table 45, 212 ff. Dez. 1921, African World, Special, 23. Apr. 1921.

317) Journal IV, 894 ff. — Okt. 1923. Die Einwanderungsstatistik der Union trennt weder Männer noch Frauen, weder vorübergehenden noch dauernden Aufenthalt. Journal IV, 402 — April 1923, 1919/22 soll der durchschnittliche jährliche Nettoüberschuß 5750 Europäer betragen haben. Journal IV, 615 f. — Juli 1923. Netto-Wanderungsverlust 1923: 2599 (Statesmans Year Book 1925, 224), 1924: (11 Monate): 257. Wirtschaftsdienst, 20. März 1925.) Die Einwanderungsbestimmungen

stätigt die hier sichtbare Politik: Zwar biete Südafrika auch für Handwerker, Werkmeister und Techniker bestimmter Erwerbszweige Möglichkeiten, aber „was wir besonders wünschen, sind nicht Einwanderer, sondern Kapital!“ [318])

Die unabhängige Förderung der nationalen Entwicklung steht auch hier voran, und obwohl „Südafrika Beistand zu günstigen Bedingungen durch Anleihen oder auf andere Weise . . . willkommen heißen wird“ [319]), obwohl „Handels- und Finanzbeziehungen die Union mit keinem Staate so eng verbinden wie mit England“ (Dibelius) [320]), so ist doch die betonte Bereitschaft zur Zusammenarbeit im Britischen Commonwealth nicht nur in Verteidigung und hoher Politik, sondern ebenso sehr in allen Wirtschaftsbeziehungen [321]), — diese Bereitschaft ist ein Bekenntnis von sehr zweifelhaftem Wert, sobald sie mit nationalen Zielen nicht mehr übereinstimmt.

* * *

Smuts hat nicht den naiven Ehrgeiz Kanadas und Australiens, die „Entwicklung zur Nation“ auf allen Gebieten zu erzwingen. Keinerlei Versuche unternimmt die Regierung, eine nationale Schiffahrt künstlich zu schaffen. Um günstige Frachtbedingungen für die südafrikanische landwirtschaftliche Ausfuhr und englische Einfuhrgüter (Eisenbahnmaterial) zu erhalten, wird nur ein Vertrag mit der „Union Castle Company“, einer Tochtergesellschaft der englischen „Royal Mail Steam Packet Company“ abgeschlossen und immer wieder erneuert, der Vorzugsraten sichert und (gemeinsam mit der britischen Regierung) regelmäßige Postverbindungen zwischen Southampton und dem Kap subsidiert [322]).

In Schiffahrt, Verkehr, Nachrichtenwesen sieht der Premier — wie die Liberale Partei Englands — die Hauptmittel der Wirtschaft, um das Reich zusammenzuhalten: „Die Frage nach den Verbindungen ist wahrscheinlich die

---

werden unter Hertzog wegen der ungünstigen Lage des Arbeitsmarktes bedeutend verschärft. Wirtschaftsdienst, 19. Juni 1925.

[318]) Cmd. 2009, 47.

[319]) Smuts, 23. Juni 1923. Journal IV, 889 ff. — Okt. 1923. Äußere Schuld: 1916: 132 Mill. £, 1924: 133 Mill. £. Innere Schuld: 1916: 19 Mill. £, 1924: 75 Mill. £. Statistics, 63.

[320]) Deshalb „ist auch nicht abzusehen, weshalb Südafrika ein politisches Band durchschneiden sollte, das ihm im wesentlichen nur Vorteile bringt.“ Dibelius, 87 f.

[321]) Hall, 203.

[322]) Ausführlich Journal IV, 624 ff. — Juli 1923, Harrison, 65 ff.

wichtigste von allen für das Britische Reich. Man kann eine Redensart aufgreifen und sagen, daß Verbindungen das Öl unseres Reiches sind, und bis es uns nicht gelingt, diese dringenden Probleme zu lösen, — schnellere und billigere Verbindungen —, so lange wird es fast unmöglich sein, in Zukunft dies weite Reich zusammenzuhalten, das über den ganzen Erdball verstreut ist . . . Wenn wir diese Aufgabe nicht bewältigen, wird das Räderwerk des Imperiums versagen“ [323]).

Selbst hier aber wächst die organisatorische Verbindung zum ideellen Band empor, tritt für Smuts die wirtschaftliche Beziehung zurück hinter der entscheidenderen ideellen!

Die Stellung im Reich.

Der südafrikanische Premier entfernt sich am weitesten von der konservativen Reichspolitik in Großbritannien, der die wirtschaftliche Verflechtung der Teile entscheidend dünkte.

In den praktischen Maßnahmen bleibt immer wieder der nationale Egoismus maßgebend, bewußt aber will er, der Nicht-Engländer, was in Kanada und Australien instinktiv als Untergrund des Verbundenseins gefühlt wird: Weit über jede Zweckmäßigkeit hinausgehende geistige Gemeinschaft!

„Ich glaube, daß dies die grundlegende Tatsache ist, die wir im Gedächtnis behalten müssen: Daß das Britische Imperium oder das Britische Commonwealth von Nationen nicht auf starrer Einheit und Gleichförmigkeit, nicht auf Aufsaugung oder Entnationalisierung beruht, sondern auf einem volleren, reicheren und mehr gegliederten Leben in allen Völkern, die es bilden. Und selbst Nationen, die gegen euch gekämpft haben, wie meine eigene, müssen

[323]) Cmd. 2009, 49. Siehe auch die Einrichtung einer Radio-Großstation (Gründung der „South African Wireleß Co.“ in Gemeinschaft mit Marconi — „Radio Telegraph Station Act“, 31. Jan. 1923) und die Zusammenarbeit mit der englischen Regierung dabei. — Ausführlich Journal IV, 159 ff.— Jan. 1923, Journal IV, 395 ff. — April 1923. Round Table 54, 395 ff. — März 1924. Vgl. ebenfalls den Protest der Nationalisten gegen Zahlungen an Reuter „for the circulation of news so as to promote the Imperial sentiment“ und zwecks Zurückhaltung unbequemer Nachrichten. Journal III, 218 — Jan. 1922. Und negativ Smuts zum geplanten Reichswirtschaftsausschuß: „Ich persönlich bin ziemlich skeptisch gegenüber einer solchen Einrichtung. Der Geist ist so stark, der Geist hat uns so weit gebracht — der Geist des guten Willens und der Zusammenarbeit — daß ich immer einigermaßen mißtrauisch gegen Versuche bin, uns auf irgendwelche künstliche Art zu leiten.“ Cmd. 2009, 49.

fühlen, daß sie und ihre Belange, ihre Sprache, ihre religiösen und alle ihre kulturellen Interessen ebenso sicher und geborgen unter der britischen Flagge sind, wie jene der Kinder aus eurem Fleisch und Blut“ [324]).

„Redet vom Völkerbund, — hier ist der einzige Völkerbund, der je bestand; . . . und wenn das Reich seinen alten Traditionen der Freiheit und Selbstregierung treu bleibt und dem Glauben an seine Zukunft und diese Mission (des wahren Völkerbundes), — wer weiß, ob es nicht einen weit größeren und segensreicheren Einfluß in der Geschichte der Menschheit ausüben wird als je ein Reich zuvor?“ [325])

Und wir in Südafrika, Teilhaber an dieser Macht und dieser Aufgabe, wir wollen keines von unseren Rechten aufgeben, sondern sie sichern und entwickeln, aber wir erkennen dankbar an, daß wir Mitglieder des Britischen Commonwealth und des Völkerbundes sind [326]). „Wir wollen Vergangenes vergangen sein lassen, einen neuen Tag beginnen und unserem großen Ziele zustreben als eine geeinte Nation . . . Aus meinem Herzen ist alle Bitterkeit verschwunden. Mein einziger Wunsch ist es, das südafrikanische Volk in Wahrheit vereint zu sehen“ [327]).

* * *

Jan Christiaan Smuts blieb Bur, blieb Afrikander. Jede seiner Maßnahmen, seiner Forderungen beweist es. Aber dennoch überwand er die Rasse, die Nation, um Reichsbürger zu sein. Sein „ideeller Imperialismus“ hat ihn gestürzt.

„Fair dealing“ statt „sentiment“ fordern „Die Burger“, das offizielle Organ der Nationalisten [328]), und Hertzog ersetzt den bisherigen festen Zolltarif durch ein System von Höchst- und Mindestsätzen, das Fertigfabrikate stärker, Halbfabrikate und Rohstoffe geringer belastet oder ganz freiläßt, um die heimische Industrie weiter zu schützen, das nur in 22 Warengruppen Sonderminimalzölle an England gewährt und für 70 Warengruppen einen Minimal- als Verhandlungstarif einführt, der keine weitere Bevor-

---

[324]) Knowles, 47. Ebenso Smuts in „The League of Nations“, 32: „Die alten Reiche zerbrachen an ihren Herrschaftstheorien . . . wir müssen alle Ideen eines Bundesstaates aufgeben . . . und werden unvermeidlich zum Konferenzsystem getrieben. . . .“ Hall, 329.

[325]) Hall, 197.

[326]) Smuts, 3. Dez. 1920 in Pretoria, Round Table 42, 444 — März 1921.

[327]) Smuts, 8. Sept. 1919 am Schluß seiner Friedensvertragsrede. Journal I, 195 — Jan. 1920.

[328]) Financial News, 8. Jan. 1925.

zugung des Vereinigten Königreichs enthält. Der berechnete Wert der Preference sinkt von 860 000 £ auf 300 000 £, „für Großbritannien ein Schlag ins Gesicht!“ [329])

Aber Smuts erhält zur Antwort, daß diese Neuordnung noch entgegenkommend sei, denn eine strengere Beachtung der gegenseitigen Vorteile würde die Zollbevorzugung sogar auf 200 000 £ ermäßigen, und zudem habe er (Smuts) 1923 selbst gesagt, der Zustand sei einseitig und könne nicht so andauern. „Nur das Interesse unseres Landes war maßgebend“ [330]).

* * *

Wenn General Hertzog auch den König durch Parlamentsbeschluß untertätigst bitten läßt, keine Orden und Titel mehr an Südafrikaner zu verleihen [331]), wenn er für sein Dominion das Recht voller Entschließungs- und Handlungsfreiheit beansprucht [332]), so erklärt er doch zu gleicher Zeit: „Wir wollen mit England zusammenarbeiten.“ [333]) Er kennt und achtet die Grenzen seiner Macht, er weiß, daß das Land jetzt nicht aus der Verbindung mit England zu lösen ist [334]).

Doch dies Verhältnis ist nur notwendige Vorstufe zur Erfüllung der Afrikander-Idee, wie Botha und Smuts sie schufen und der auch Hertzog sich unterwirft: „South Africa first!“ [335])

---

[329]) Absatz und Zitat nach Wirtschaftsdienst, 26. Juni 1925, ebenso Journal VI, 404 ff. — April 1925.

[330]) Absatz und Zitat nach Journal VI, 404 ff. — April 1925, ebenso Wirtschaftsdienst, 26. Juni 1925. — Außerdem „suspended duties“, um zum Schutz entstehender Industrien später eingeführt zu werden. Man beachte auch die Einschiebung des Vertragstarifs, die auch Smuts bereits erwog und ankündigte. (Cmd. 2009,46.)

[331]) 24. Februar 1925 — Gleicher, damals abgelehnter Antrag der Arbeiterpartei am 15. Mai 1923. Journal VI, 388 ff. — April 1925, Journal IV, 640 ff. — Juli 1923.

[332]) Times, 24. Juni 1924.

[333]) Times, 3. Juli 1924.

[334]) Vgl. dazu u. a. Seitz, 193 f. und Dibelius in Anm. 320.

[335]) Hertzog in Pretoria, 2. Juli 1924, Times, 3. Juli 1924.

„His Britannic Majesty, King of Great Britain and the Dominions beyond the Seas, Emperor of India ...“

Verfassungspolitik.

Die Verfassungspolitik der drei großen Dominien nach dem Kriege ist eine siebenjährige Entwicklung, in der nicht Systeme einander gegenüberstehen, sondern Menschen und Völker, die in egoistischen Einzelmaßnahmen lebendige Beziehungen den Machtverhältnissen entsprechend dauernd abwandeln.

Aus dem Gegeneinander der einzelnen Glieder erwächst erst allmählich und stückweise nur die Neuordnung des Reichs, stets unvollkommen bleibend, stets änderungsbereit.

Mag dem Festeuropäer diese Art des Neubaus seltsam erscheinen, dem Angelsachsen ist sie nur natürlich.

* * *

Für die Opfer an Menschen und Material erhalten die Dominien 1917 und 1918 tätigen Anteil an der Reichspolitik im Reichskriegskabinett und -konferenz [336]). Die Einheit des Imperiums und die Macht Englands scheinen trotz dieser Organe und durch sie gewahrt.

Aber Arthur Borden, der konservative Premier Kanadas, erstreitet für sein Land das Recht eines Gesandten in Washington, und Smuts freie Dominienpolitik gegen die Inder [337])!

* * *

[336]) „Imperial War Cabinet und Conference“ vom 20. März — 2. Mai 1917 und Juni-Juli 1918. In irgendeiner Form sollten sie auch nach Kriegsende weiterhin jährlich zusammentreten. — Siehe besonders Cd. 8566, 61, Cd. 9177, 165. Das „Imperial War Cabinet“ wird zur „British Empire Delegation“ in Paris nach dem Waffenstillstand (siehe Anm. 342) und weiterhin bis zur Unterzeichnung des Versailler Diktats. Hall, 175 ff. „Die kanadische Öffentlichkeit hat keine besondere Begeisterung für das Kriegskabinett gezeigt.“ Round Table 33, 171 ff. — Dez. 1918.

[337]) Zur Inderpolitik besonders Cd. 9177. „Auch Australien hat schon seine Absicht angekündigt, einen Minister nach Washington zu senden.“ Round Table 41, 156 ff. — Dez. 1920.

Noch einmal wird auf der Pariser Konferenz und in den Friedensverträgen die englisch-konservative Idee des übergeordneten Bundesstaates mit der Forderung der Dominien nach „absolute equality of nationhood“[338]) in Einklang gebracht: Das Reich ist und handelt als eine Einheit; im „panel“-System wechselnder Vertreter findet dies seinen Ausdruck[339]). (Die „British Empire Delegation“ enthält dauernd zwei Unterhändler Großbritanniens, während abwechselnd je eines der großen Dominien den dritten stellt.)

Aber sogleich wieder zerschlagen Kanada und Südafrika im Kampf gegen die zentralistische Gefahr[340]) diese Lösung: Für Angelegenheiten des Völkerbundes erreichen die Dominien die Anerkennung als selbständige Einheiten mit den Rechten der „Kleinen Nationen“. Alle entsprechenden Handlungen erfolgen auschließlich auf Rat und Verantwortung des betreffenden Reichsteils[341]).

* * *

Hughes in Australien, der überzeugte Imperialist und Gegner des Völkerbundes, ist dieser ganzen Entwicklung nicht geneigt. Dennoch erklärt jetzt auch er wie Massey von Neuseeland, der jingoistischste aller Premiers, die eigene Regelung ihrer auswärtigen Beziehungen als konstitutionelles Recht aller Dominien[342])!

---

[338]) „1914 waren die Dominien „untergeordnete Nationen“, 1917 forderten sie „increasingly equal status“, 1919 schon „absolute equality of nationhood“. Jetzt ist das Problem die Verwirklichung des „absolute“, während trotzdem die formelle Einheit des Reichs aufrechterhalten bleibt.“ Hall, 2 ff. — [339]) Hall, 176 ff.

[340]) Smuts begann diesen Kampf am 15.Mai1917 mit seiner berühmten Rede über „The British Commonwealth of Nations“. Hall, 320 f. Mit der Resolution Nr. 9 der Reichskriegskonferenz 1917 — „The organisation of the empire is to be based upon equality of nationhood“, Cd. 8566, siehe auch Journal V, April 1924 — erreichte er schon damals, daß der Gedanke eines „federal super state“ verlassen wurde und legte damit die Richtung der zukünftigen Entwicklung fest. Hall, 176 und 200 f.

[341]) So alle Dominien-Premiers; s. a. Smuts' Broschüre über den Völkerbund 1919. Doch konstruiert Keith, 319 f., (1924!) die englische Auffassung folgendermaßen: „Für Zwecke in Verbindung mit dem Völkerbund hat das Britische Reich den Status einer Einheit. . . . Aber der Bund erkennt auch als Einheiten an: Die vier großen Dominien . . . (Das Vereinigte Königreich fehlt hier als Sondereinheit!). Handlungen, die in diesen Angelegenheiten andere Einheiten als das Britische Reich vornehmen, erfolgen auf Rat und Verantwortlichkeit der Regierung der betreffenden Einheit und unterliegen nicht der Kontrolle der Regierung des Vereinigten Königreichs.“

[342]) Hughes begann den Streit um die Anerkennung der Dominien auf der Friedenskonferenz, da er bei den Waffenstillstandsverhandlungen übergangen worden war, — und Absatz nach Hall, 183 f. Borden legte „den

Smuts aber geht viel weiter in seinen Folgerungen: In Zukunft haben die Dominien nicht nur Autorität und Vollmacht in internationalen Angelegenheiten, sondern obwohl das Reich weiterhin eine Einheit bleibt, ist es heute eine Allianz freier Völker, gerade so wie der Völkerbund[343]).

Doch indes die Berechtigung dieser Konstruktionen ungeklärt bleibt, kaum jemand im Vereinigten Königreich sie anerkennt oder nur überhaupt ernst nimmt, sondern Macht und Recht in Krone und Reichsparlament zu Westminster sicher verankert sieht, — indessen beginnt Kanada Schritt für Schritt ihre Verwirklichung zu erkämpfen! Anfangs ist es King als Führer der liberalen Opposition, der immer wieder zeigt, daß die Autonomie von Land und Parlament noch in keiner Weise erreicht sei[344]), sondern im Gegenteil durch imperialistische Pläne, die zu einer Zentralisation der Reichskontrolle führen würden, gefährdet werden könne. Kanada wolle alle Angelegenheiten zwischen sich und anderen Ländern selbst erledigen, aber bisher tue es das noch nicht. Statt dessen bestünde immer die Gefahr der Unterordnung unter Konferenzbeschlüsse ohne Parlamentsbeschluß, die Möglichkeit neuer Heeres- und Marineausgaben[345]).

Hauptnachdruck (seiner Parlamentsrede zum Friedensvertrag) auf die Anerkennung Kanadas als ‚partner nation' im Imperium." Er beruhigt die Liberalen: Alle Entscheidung liege jetzt beim kanadischen Parlament. — Ausführlich Round Table 37, 147 ff. — Dez. 1919. Die ganze Stellung der Dominien auf der Pariser Konferenz kennzeichnet treffend Smuts: (9. Sept. 1919 in Kapstadt im Parlament): „We (die Dominien) were anxious to secure international recognition of our status among the nations of the world, but we were equally anxious to see that nothing was done which would loosen the ties which bind together the British Empire." und: „They (die großen Mächte) could not realise the new situation that the British Empire, instead of being one central government, consisted of a league of free states, free, equal and working together for the great ideals of human government." Hall, 228 und 183. Die englische Konstruktion: „. . . the treaties were signed for the British Empire as a whole, though by representatives of different portions, and not separately for each part of the Empire. Moreever it is essential to remember that the representatives of the Crown were all appointed on a formal recommendation of the Imperial Government to the Crown." Die Dominien sind damit international keine selbständigen Subjekte. Keith, 45.

[343]) Smuts 23. Sept. 1919 in Victoria West (Kap), African World, 1. Nov. 1919, siehe auch Hall, 343. Smuts, 21. Juni 1920: „Der Governor-General sollte jetzt nur noch der Vertreter des Königs sein, und weiter nichts." Journal I, 546 — Juli 1920. Smuts, 23. März 1920: Kanada kann jetzt einen Gesandten ernennen und Südafrika gleichermaßen. Journal I, — 386 April 1920.

[344]) Siehe Kings Antrag im kanadischen Parlament, zu prüfen, ob Kanada seine Verfassung ändern könne. Round Table 39, 654 ff. — Juni 1920. Nach Keith: Imperial Unity . . . 390, ist dies, im Gegensatz zu Australien (s. S. 396/97) und Südafrika (s. S. 415/16) nicht möglich.

[345]) King, 1. und 11. März 1920. Journal I, 314 und 326 f. Man vgl.

Doch schon bald vereinigen Regierung und Opposition in Kanada sich zur Abwehr der drohenden Verpflichtungen: Am 27. April 1921 unterstützt King im Parlament voll und ganz die konservative Politik[346]) zur bevorstehenden Konferenz der Premiers: „Die Konferenz ist kein „Imperial Peace Cabinet", wie Winston Churchill (der englische Staatssekretär für die Kolonien) sie genannt hat. Auch nach meiner Ansicht soll hier nur die kommende Reichskonferenz (1923) besprochen und vorbereitet werden. Das kanadische Parlament ist einmütig darin, daß weder Änderungen in den staatsrechtlichen Beziehungen (d. h. die Schaffung von Reichskabinett, Reichsrat, -parlament oder ähnlichem), noch weitere finanzielle Verpflichtungen in London bindend beschlossen werden können."[347])

Das Mutterland aber fordert Zusammenschluß in irgendeiner Form und betont zugleich seine Souveränität. So stoßen die Meinungen im Juni, Juli und August 1921 an der Themse hart aufeinander, ohne daß eine Klärung erzielt wird. Die Schwierigkeiten erscheinen so groß, die Gegensätze so unüberbrückbar, daß sogar die für 1922 beabsichtigte „Constitutional Conference" wieder aufgegeben wird[348]).

* * *

Und doch hat England die Ansprüche der Dominien zurückgedrängt: Hughes erkennt jetzt die „legal supremacy" (die höchste Rechtsgewalt) des britischen Parlaments und die bindende Wirkung seiner Beschlüsse an[349]), Smuts stellt

---

dazu auch den Versuch der englischen Regierung, einen „kanadischen" Gesandten in Washington als Vertreter Kanadas und des gesamten Reichs zugleich (zusammen mit dem englischen Gesandten) vom Dominion gestellt zu bekommen (s. Bonar Law 10. Mai 1920 nach Keith, 45) und die ablehnenden Antworten nicht nur Kings (17. Mai 1920 — Journal II, 482 — Juli 1920) desgl. 1. Juli 1920, sondern auch der konservativen Regierung (Round Table 39, 651 — Juni 1920).

[346]) Siehe Round Table 42, 390 — März 1921. Siehe auch das Erstaunen der Round Table (44, 911 — Sept. 1921), daß Meighen ganz unerwartet auf der Reichskonferenz 1921 als entschlossener Verteidiger der „abrogation" (Beseitigung der Souveränität Westminsters) erschien. Zu gleicher Zeit fixiert Borden den Status des Dominions (wie Kanada ihn sieht) in seiner Denkschrift: (Canadian Constitutional Studies — Toronto): „The Crown is the supreme Executive in the United Kingdom and in all the Dominions, but it acts on behalf of different ministries within different constitutional units." — Wiedergegeben in Journal IV, 806 — Okt. 1923.

[347]) King, 27. April 1921, Journal II, 544 f. — Juli 1921.

[348]) Imperial Conference 1921 vom 20 Juni — 5. Aug. Zum Absatz siehe Cmd. 1474, 9 ff., daneben Round Table 44, Sept. 1921, Journal II, Juli und Oktober 1921.

[349]) Round Table 44, 929 — Sept. 1921.

fest, daß Südafrika zwar Gleichheit erreicht habe, aber in Praxis noch immer vom Foreign Office vertreten werde, und ficht weiter gegen jede engere Bindung für die Idee des „Runden Tisches". „Es ist die einzig richtige Methode, um die unumgänglich notwendige Einheit . . des Reichs zu erreichen."[350])

Kanada aber, begünstigt durch die Hinauszögerung einer klaren Entscheidung, greift an: Zur Washingtoner Abrüstungskonferenz haben die Dominien weder direkt, noch durch das englische Auswärtige Amt Einladungen erhalten. Das bedeutet eine Brüskierung des seit 1919 erreichten „status" (der verfassungsrechtlichen Stellung) durch die Vereinigten Staaten. Und London, die Gelegenheit benutzend, verlangt Vertreter der Dominien als Delegierte der englischen Regierung[351])!

Smuts als Unbeteiligter wird vorgeschickt, sein Kampftelegramm an Borden (19. Oktober 1921) von diesem sekundiert[352]). Lloyd George und die Konservativen geben nach, aber die amerikanische Regierung stellt sich auf den starren Standpunkt staatsrechtlicher Theorien. So wird Borden vom König zwar als „Seiner Majestät Vertreter für Kanada" ernannt, bildet aber ein festes Glied der englischen Abordnung[353]). Der Angriff ist abgeschlagen; Australien und Neuseeland sind dessen froh[354]).

* * *

Zwar ist nach außen die Anerkennung der Dominien als selbständiger Völkerrechtssubjekte innerhalb des Britischen Reiches mißglückt, aber nach innen wird der mit der Unterzeichnung der Friedensverträge erreichte Zustand gewahrt: Der König ratifiziert das Abkommen für (on behalf of) Kanada erst, nachdem beide Häuser des kanadischen Parlaments es angenommen haben[355]).

---

[350]) Smuts, 21. Juni 1920; Journal I, 547 f. — Juli 1920.

[351]) Ausführungen von Smuts darüber 18. Juli 1922. Auf der Pariser Konferenz hatten die Dominien eigene Delegierten mit eigenen Instruktionen. Journal III, 907 ff. — Okt. 1922.

[352]) Vagts, 234. Zugleich fordert Smuts in Reden die Pariser Regelung. Cape Times, 2. Nov. 1921; Star, 8. Dez. 1921.

[353]) Journal III, 567 — Juni 1922; Round Table 45, 234 ff. — Dezember 1921.

[354]) Vagts, 234.

[355]) King, 7. April 1922. Journal III, 550 — Juli 1922. King zieht die Folgerung (Anfrage von Meighen, 8. März 1922 — Journal III, 346 — April 1922), daß alle Dominien jetzt mit dem Vereinigten Königreich gleichberechtigt seien. — Keith, 47, konstruiert wie in Anm. 342: „The delegates .... formed a single Imperial delegation usw.

Im vollen Gegensatz zu den Vereinigten Staaten ladet dann Italien die Dominien zur Konferenz von Genua (10. April 1922) direkt ein[356]), erkennt also einen Zustand an, der vielleicht schon mehr ist, als Smuts vertrat und King erstrebte.

Und kaum ein halbes Jahr später wird die verfassungsrechtliche Unabhängigkeit der selbstregierenden Reichsteile von London selbst erwiesen (wenngleich diese Auslegung der Vorgänge nicht unbestritten bleibt)[357]): In seinem berühmten Chanak-Telegramm vom 16. September 1922 bittet Lloyd George die Dominien um Mitteilung ihrer Hilfsbereitschaft gegen die Kemalisten. Die Antworten sind bezeichnend: Aus Neuseeland kommt binnen 24 Stunden unbedingte Zustimmung. Hughes sagt nach sofortiger Befragung des Parlaments ebenfalls volle Unterstützung zu, Smuts (nach acht Tagen unverschuldeten Zeitverlusts) befürwortet eine Anrufung des Völkerbundes und erwähnt für fernere Fälle (dieser Konflikt war inzwischen überwunden) seine Bindung durch das Parlament. Aus Kanada jedoch kommt Kings kühle Antwort, man werde nach Parlamentsbeschluß handeln, — weiter nichts[358]).

Hiermit ist aber die Unmöglichkeit offenbar, die bisherige „Regelung" — besser Nichtregelung — der politischen Reichsbeziehungen weiter fortzuführen. Volle Souveränität und Einheit der Gruppe (des Imperiums) müssen miteinander in Einklang gebracht werden (Smuts)[359]). Es scheint ein unlösbares Problem, aber der Engländer, selten stark in theoretischer Durchdringung, erreicht darum um so gewisser die praktische Ausgleichung der Gegensätze.

Zwar die Formen sind verschieden, in denen man Einheit und Selbständigkeit zu versöhnen strebt, und die Regierungen aller Reichsteile mühen sich um die ihren Interessen und Ideen günstigste Ordnung. Doch der Wille zur Reichsverbundenheit ist vorhanden, in jedem Land, bei jedem der verantwortlichen Leiter klingt er immer wieder an. Weshalb soll man da nicht zu einem „agreement" kommen?

So beginnen die Vorbereitungen zur Reichskonferenz von 1923.

* * *

---

[356]) Smuts, 18. Juli 1922. — Er zieht daraus dieselbe Folgerung wie Kanada, Anm. 355. Journal III, 907 f. — Okt. 1922.

[357]) Abermals Smuts gegen Keith. Round Table 49, 200 — Dez. 1922.

[358]) Absatz nach Round Table 49, 196 ff. — Dez. 1922. Die kanadischen Konservativen erklärten sofort die Bereitwilligkeit. (Meighen.) France Amerique, Dez. 1924. Hughes, wie alle anderen Dominien-Premiers vom Telegramm vollständig überrascht, folgert: Ein Vertreter in London ist unbedingt nötig. Round Table 50, 405 — März 1923. — [359]) Hall, 339.

Aber der Boden ist schwankend, die mögliche Entwicklung ganz ungewiß. Wer jetzt eine Entscheidung erreicht, kann die Regelung vielleicht vorwegnehmen.

Kanada greift abermals an: King schickt Lapointe nach Washington, um ein Fischereiabkommen über den Hellbuttfang in den nördlichen Küstengewässern (Halibut Treaty) mit den Vereinigten Staaten zu schließen. Am 2. März 1923 wird der Vertrag unterzeichnet, aber — trotz Aufforderung aus England — ohne Hinzuziehung des britischen Gesandten! Die kanadische Regierung begründet diese Abweichung vom alten Grundsatz damit, daß ausschließlich kanadische Interessen in Frage stünden, diese selbständig entschieden werden könnten und dann folgerichtig auch eine Verpflichtung anderer Reichsteile unterbleiben müsse [360]).

Noch ist die Berechtigung dieser Auslegung sehr unsicher, aber London gibt nach, und auch die Anerkennung von Kanadas verfassungsrechtlicher Selbständigkeit innerhalb des Britischen Reiches durch die Vereinigten Staaten von Nordamerika scheint jetzt endlich erreicht zu sein. Doch zwei Tage später schon zerstörte der amerikanische Senat diese Hoffnung durch den Vorbehalt, daß die Ratifizierung nur erfolge „unter der Voraussetzung, . . daß kein Bewohner oder Fahrzeug . . irgend eines anderen Teiles Großbritanniens [361]) sich entgegen den Bestimmungen dieses Vertrages im Hellbuttfang betätigen wird" [362]). Es ist wieder die alte Auffassung, daß das Imperium eine Einheit sei und „His Majesty the King" als vertragschließende Partei nur das gesamte Reich einheitlich verpflichten könne.

Aber King führt nach dieser äußeren Niederlage seinen Kampf im Innern um so zäher weiter, und ob auch Bruce von Australien her, immer um die politische Einheit des Reiches besorgt, entrüstet erklärt, die Dominien dürften nicht das Recht zu eigenen Vertragsschlüssen haben, das sei ein „unmöglicher" Zustand [363]), — King kann seinem Parlament am 29. Juni 1923 den Vertrag zur Ratifizierung vorlegen mit den willkommenen Worten, er sei „signed on behalf of his Majesty, acting for Canada, by the plenipotentiary therein named" [364]).

---

[360]) Dieser und der folgende Absatz nach Round Table 51, 628 ff. — Juni 1923, und Vagts, 240 ff.

[361]) Dieser unklare Ausdruck ist wohl durch die Eile infolge des nahen Sezessionsschlusses verursacht.

[362]) King, 27. Juni 1923; Journal IV, 802 — Okt. 1923.

[363]) Bruce, 25. Juli 1923; Journal IV, 867 — Okt. 1923.

[364]) Vagts, 243. Am gleichen Tage folgert King: „Whe believe that the more the British Empire comes to be understood as a Britannic League of Nations, the more servitable it will be to its component parts . . . and

Das Recht zum selbständigen Vertragsabschluß ist erstritten, ein wichtiger Schritt zur Autonomie vollendet. Die Worte Lauriers: „We are all His Majesty's Gouvernements“ [365]) sind ihrer Verwirklichung nahe [366]).

* *

Bruce sieht die Gefahr für die einheitliche Politik des Reiches. Er braucht diese, wirtschaftlich wie politisch, und so entwickelt er sein Gegenprogramm, aufbauend auf dem Grundsatz: Wir sind Teile des Reichs und tragen seine Verpflichtungen, also müssen wir auch Einfluß haben! [367]).

„Resident Minister“ in London sollen die dauernde Anteilnahme der Dominien an der Reichspolitik gewährleisten, oft wiederholte Konferenzen (mindestens alle zwei Jahre) immer wieder neu verbürgen, daß das Imperium als „one and united“ auftritt [368]).

In den konservativen Kreisen des Mutterlandes findet er starke Unterstützung: „Für jede Verhandlung mit fremden Mächten, gleichgültig, ob die britische oder eine Dominion-Regierung sie führt, ist vorhergehende Befragung (aller Reichsteile) das wesentliche Erfordernis („the essence of the case“). Denn ohne sie kann Zustimmung und Unterstützung vom übrigen Commonwealth nicht gesichert werden (Round Table) [369]).

the more likely will it be to endure on a permanent basis.“ Journal IV, 813 — Okt. 1923. Vorher schon hatte er die praktischen Nutzanwendungen gezogen: „Die Entscheidung über den Eintritt in einen Krieg, in den die ganze Bevölkerung Kanadas verwickelt werden würde, müsse dem kanadischen Parlament vorbehalten bleiben.“ Manchester Guardian, 3. Februar 1923. Aber zugleich: „In jeder Krisis wird Kanada neben dem Mutterlande stehen.“ Times, 18. Jan. 1923.

[365]) Laurier auf der „Colonial Conference“ 1907. Vgl. auch die von Kanada ausgehende „Kingdom“-Idee: Statt „Dominion of Canada“ wurde bei der Bildung des Bundes „Kingdom of Canada“ vorgeschlagen. — Ausführlich Ewart (Stark autonome Folgerungen aus den Nachkriegsereignissen).

[366]) „Im Kampf um die Autonomie im Empire bleibt fast nichts mehr auszufechten.“ Vagts, 243. Smuts zu gleicher Zeit: „Alles, was wir wünschen, ist, daß sie (die britischen Vertreter) nur dann und so für uns sprechen, wie und wenn wir sie dazu ermächtigen“, Journal IV, 594 — Juli 1923. Vgl. zum Absatz auch Round Table 51, 465/91 — Juni 1923.

[367]) Bruce im Parlament, 24. Juli 1923. Ebenso Bruce 22. Febr. 1923 (Round Table 51, 475 — Juni 1923), 19. Juni 1923 (Journal IV, 577 — Juli 1923), nach Times, 6. Okt. 1923.

[368]) Bruce 24. Juli 1923 in Programmrede zur Konferenz. Journal IV, 830/42 — Oktober 1923.

[369]) Round Table 51, 465 — Juni 1923. Auch hier werden Semi-Gesandte vorgeschlagen (488/9) und „constitutional partnership of free poeple, united in an indissoluble allegiance“ für die Zukunft als Ideal und Ziel hingestellt (491). — Ähnlich Round Table 52, 695 ff. — Sept. 1923.

„Consultation and agreement before engagement and action!“[370]).

* * *

So beginnt am 8. Oktober 1923 zu London die Reichskonferenz. Immer wieder bricht trotz guter Regie der Widerstreit der Meinungen hervor, und das Ergebnis ist im besten Fall ein Kompromiß. Nie wird eine klare Stellungnahme und Festlegung erzielt und häufig genug gleitet man über den Streitfall hinweg im berechtigten Bewußtsein, daß es gefährlich sei, mit Gewalt einen Weg zu erstreben, der unheilvoll werden könnte, und besser, einen neuen, wenn auch unlogischen und widerspruchsvollen „Status“ zu finden, der die Erhaltung des Commonwealth ermöglicht[371]).

Kanadas Vorgehen beim Hellbutt-Vertrag wird gebilligt: Jeder Reichsteil kann selbständig Verträge abschließen, die dann nur ihn verpflichten. Werden jedoch andere Reichsteile davon betroffen, so müssen diese, bei Möglichkeit der Kriegsgefahr müssen alle Teile vorher befragt werden[372]).

So glaubt man einen Modus gefunden zu haben, der auch der Einheit Genüge tut. Niemand rührt indessen an das Hauptproblem, wann nur der vertragschließende Teil interessiert ist, ob nicht jedes Handeln ohne (oder gar gegen) die Gesamtheit den Verband oder das betreffende Glied gefährdet, wie bei Meinungsverschiedenheiten entschieden werden soll[373]).

---

[370]) Round Table 52, 698 — Sept. 1923.

[371]) Round Table 58, 364 — März 1925. Siehe dazu z. B. die ganz ungeklärte Stellung des „Privy Council“ als höchstem Reichsgerichtshof. Dibelius, 383; Journal V, 333 — April 1924 sowie die Kommandogewalt der Flotte (Anm. 226).

[372]) „Where more than one Government is involved, there should be the fullest possible exchange of views between Governments, both before and during the negotiations, and in cases where there is an Empire delegation the necessity of preserving a united front should always be kept in mind ... where ratification affects one part only, the treaty is to be ratified by that part only. Where more than one part is affected the treaty is to be ratified after consultation between the Governments of the countries, by one or more representative. It is for each Parliament to decide whether Parliamentary approval or Legislation is required before desire for, or concurrence in ratification is admitted by that Government.“ Cmd. 1987, 13 ff. Bruce, 27. März 1924, stimmt jetzt dieser Regelung zu. Journal V, 582 —Juli 1924.

[373]) „Wenn England und die Dominien in einem halben Dutzend Fragen ihrer Handels- und Wanderungspolitik zusammenstoßen, selbst dann werden ein halbes Dutzend Fragen der hohen Politik daraus.“ Hall, 252. Absatz ausführlich behandelt in Hall, 250 ff. Schiedsgerichte, einheitliche Gesetzgebung und Zusammenarbeit fordert Hall, 271 ff.

Es sind genau die gleichen Schwierigkeiten, wie die Smutssche „Patentlösung" des Konferenzsystems sie enthält, und schon in den Londoner Verhandlungen werden die Grenzen und Gefahren deutlich: Die Inder erreichen (wie 1921) die Anerkennung der Gleichberechtigung ihrer Landsleute in den übrigen Reichsgebieten, sie erreichen abermals die Annahme einer Resolution, die alle gegen die Inder gerichteten Sonderbestimmungen verurteilt[374]). Und abermals protestiert Smuts und lehnt ausdrücklich die Zustimmung zu dem Beschlusse ab: „Wir begaben uns auf einen falschen Weg. . . . Wenn wir einander nicht überzeugen können, sollen wir übereinkommen, daß wir differieren und die Sache ruhen lassen"[375]).

Die so notwendige Einheit des Redens und Handelns, wie Smuts selber sie betonte, findet durch diese seine negative Entscheidung eine recht fragwürdige „Verwirklichung". Aber Sir Tej Bahadur Sapru erkennt diese Auffassung nicht an, geht in seinen Forderungen sogar über die Grenzen des Imperiums hinaus und verlangt Anrufung Völkerbundes[376]). Scharf lehnt der südafrikanische Premier jede solche Möglichkeit ab, — „es ist für uns eine Frage der Selbsterhaltung, und keine Regierung könnte der indischen Ansicht auch nur im geringsten entgegenkommen"[377]) — und England und die anderen Dominien finden sich in der unbehaglichen Rolle der Vermittler. Schließlich muß man sich mit dem problematischen Beschluß begnügen, daß „durch direkte Verhandlungen (die bis heute nicht einmal erwogen wurden) ein Weg gefunden werden möge," wozu die „Unbeteiligten" die Hoffnung aussprechen, daß um der Einheit des Commonwealth willen die Anerkennung der vollen Bürgerrechte für die Inder wünschenswert sei[378]).

* * *

---

[374]) Cmd. 1474 (1921) und Cmd. 1988, Anhang V (1923).

[375]) Cmd. 1987, 7.

[376]) Keith, 101, Anm. Von Keith wird ganz offen die Gefahr einer Schwächung der Reichsbande durch das Vorhandensein des Völkerbundes zugegeben (siehe auch die völkerrechtliche Selbständigkeit der Dominien im Völkerbund und die Keithsche Konstruktion dagegen), zugleich aber auf die Vorteile einer unparteiischen „übergeordneten" Instanz (die Dominien wahren und betonen volle Rechte und Souveränität ihrer Parlamente gegenüber der Liga) hingeiwesen.

[377]) Cmd. 1987, 7. Auch die Round Table betonte schon 1921 (44, 743 — Sept. 1921) die Unmöglichkeit für Smuts.

[378]) Absatz nach Cmd. 1474 u. Cmd. 1987. Siehe auch ausführlich über die Inderfrage 1921, Neue Zürcher Zeitung, 11. Aug. 1921 und zum verfassungsrechtlichen Problem der südafrikanischen Inder Keith, 305 ff.

Die Asiatenpolitik der drei Dominien: Kanada: Die seit 1904 bestehende Kopfsteuer von 500 $ auf jeden asiatischen Einwanderer erweist sich nach dem Kriege als unzulänglich. So wird 1919 die Einwanderung über britisch-kolumbianische Häfen verboten. Trotzdem wandern zu den 38 000 Chinesen in Britisch - Kolumbien (nur hier ist die Asiatenfrage von Bedeutung) 1921 ca. 1700 neu ein. Zwar sind von der Gesamtzahl nur ca. 6 % Frauen, doch Konkurrenz- und Rassenfurcht führen im März 1923 zum „Chinese Immigration Act": Nur Kaufleute (d. h. Überseehändler), Studenten und diplomatische Personen werden fernerhin zugelassen. Zu gleicher Zeit wird die japanische Einwanderung (Zahl der Japaner in Britisch-Kolumbien: 17 000, von denen über die Hälfte kanadische Bürger sind) von 400 jährlich („Gentlemen's Agreement" seit 1908) auf 150 Hausangestellte und Arbeiter jährlich beschränkt. Die Gewährung des Wahlrechts an die 1100 Inder in Britisch-Kolumbien (die etwa 100 Inder in den übrigen acht Provinzen haben volle Bürgerrechte), für die Sastri auf der Reichskonferenz 1923 kämpft, will King „at the earliest favourable moment" dem Parlament vorschlagen. (Brief an Sastri, 5. Sept. 1922, im Parlament 9. Juni 1923 bekanntgegeben. — Journal IV, 799 — Okt. 1923). Doch auf der Reichskonferenz 1923 fügt der Premier hinzu: „Ich hoffe, die Inder werden die Zeit als Hilfe schätzen ...", und bisher ist keine Änderung des bestehenden Zustandes erfolgt. — Unter anderem: Journal III, 606 ff. — Juli 1922, IV, 523 ff., Juli 1923, V, 333 ff. — April 1924, V, 531 ff. — Juli 1924, V, 769 ff. — Okt. 1924, Cmd. 1988, Knowles, 199 ff. Australien: Weiterer Zuzug ist durch das „Immigration Restriction Act" (das sich zwar nur unausgesprochen gegen die Asiaten richtet) praktisch unmöglich gemacht. Die Gefahr des Lohndrucks gibt die Hauptbegründung. — Den etwa 2000 Indern im Commonwealth (die Zahl der Chinesen und Japaner ist unbedeutend) macht der Premier 1923 Hoffnung auf Gewährung der vollen Bürgerrechte, ohne sie jedoch bisher zu verwirklichen. Journal V, 607 f. — Juli 1924, V, 800 ff. — Okt. 1924. Cmd. 1988. Gregory, 220 ff. Südafrika: Zahl der Inder 1921: Natal: 138 757, — Transvaal: 13 344, — Kap: 6 477 (Journal III, 666 — Juli 1922). Seit 1913 ist die Einwanderung der Inder (und sonstigen Asiaten, was nur formelle Bedeutung hat) durch das „General Immigrants Regulation Act" abgestoppt. In Natal besitzen die ansässigen Inder Gemeindewahlrecht, das Recht zu Handel und Landerwerb, im Kap auch das Parlamentswahlrecht, in Transvaal nur Handelserlaubnis. Seit 1919 beginnt die antiasiatische Agitation wieder aufzuleben und führt zum Verbot neuer Handelskonzessionen im Minengebiet („Asiatics Trading and Land Act", 1. Mai 1919) und zur Einsetzung einer Regierungskommission. Diese befürwortet im März 1921 freiwillige Rücksendung, Beschränkung des asiatischen Landbesitzes in Natal auf den Küstenbezirk und freiwillige Absonderung. Doch die Rückwanderung nach Indien erfolgt trotz Regierungsunterstützungen nur in geringem Umfang (5400 in drei Jahren — Knowles 191), und erst die „Class Areas Bill", von Smuts Anfang 1924 eingebracht, will eine Absonderung der Inder und Beschränkung ihrer Handelsberechtigung durchführen. Wahrscheinlich war das Ziel des Gesetzes, die Asiaten am Handel in den bedeutenden Städten zu hindern und so ihre dauernde Niederlassung in Südafrika nicht einträglich zu machen (Gregory, 135). Doch der Entwurf wird nicht mehr Gesetz. Aber mit den Arbeitern und Nationalisten sind noch entschiedenere Befürworter der Absonderung zur Macht gelangt und die „Mines and Works Act Amendment Bill" (die der Senat verwirft) wollte die Rechte der Asiaten bereits beschränken und die Segregation vorbereiten. Knowles, 187 ff., Nathan, 253 ff., Gregory, 134 ff., Round Table 38, 46, 49 — März 1920, März 1922, Dez. 1922, Journal II, 693 ff. — Juli 1921, II, 920 ff. — Okt. 1921, III, 937 ff. — Okt. 1922, VI, 381 ff. — April 1925.

Großbritannien hat auf der Konferenz keine übergeordnete Macht beansprucht oder ausgeübt [379]). Die Auffassung, daß zwar die „legal power“ (das formelle Recht) noch voll und ganz im Parlament zu Westminster ruht (das sich aus Unterhaus, Oberhaus und König zusammensetzt), aber ein „constitutional right“ (die materielle Berechtigung) gegenüber den selbstregierenden Dominien nicht mehr besteht, hat sich, zwar vielfach widersprochen und widerlegt, dennoch in fünf Jahren zu fast allgemeiner Anerkennung auch in England durchgerungen [380]).

Aber während die Dominien daraus ihre materielle Selbständigkeit ableiten [381]), sieht man im Mutterland die Einheit des Reichs im König verkörpert, der ausschließlich auf den Rat und die Verantwortung seiner britischen Minister handle! So bleibt alles im Fluß, jede Möglichkeit frei [382]).

Und dem Angelsachsen ist dieser Zustand der brauchbarste. Statt starren Theorien vertraut er der Zeit und ihren Erfordernissen, dem Eigeninteresse der Beteiligten

---

[379]) Round Table 54, 226 — März 1924. Hier wird als Ergebnis zusammengefaßt: „The Conference ... perfected the machinery of the British Commonwealth according to the ideals of the co-operationist school of Imperial thought“ (226), wobei aber der Wunsch über die Wirklichkeit sich hinwegsetzt, denn schon Seite 231 heißt es: „There is no means of consultation between the governments of the Empire, save those ancient ones of cable and despatch, which every single Prime Minister of the Empire ... declared before the Conference assembled unsatisfactory.“ Das Canada Year Book 1922/23, 1008, gibt dagegen als Ergebnis („nach Angabe eines kanadischen Delegierten“) (z. T. gekürzt): 1. Einen klareren Begriff von Kanadas Stellung im Reich. 2. Gleichheit und unabhängige Handlungsfreiheit in Fragen, die einen Reichsteil besonders betreffen, verbunden mit Bereitschaft zur Zusammenarbeit in gemeinsamen Angelegenheiten. 3. Klarstellung des Rechts zu Vertragsschlüssen, volle Billigung des kanadischen Standpunktes (Hellbutt-Vertrag). 4. Anerkennung des Prinzips der Dominien-Flotten durch die Admiralität. 5. und 6. Verantwortlichkeit jedes Reichsteils für seine Verteidigung und Unabhängigkeit der Parlamente und Völker bezüglich ihrer Maßnahmen dazu. Und Mac Innes, 44, stellt lakonisch fest: „The result was that this Conference did nothing to clear up the existing muddle.“

[380]) Hall, 232 ff.

[381]) Siehe insbesondere King, Journal V, 333 ff. — April 1924. Am schärfsten Seite 342, dem Sinne nach: „Unsere Ergebenheit zum Britischen Commonwealth ist ungeschwächt, aber unser kanadisches Nationalgefühl (Canadianism) ist beträchtlich stärker geworden“ (Round Table 33, 174 — Dez. 1918).

[382]) Siehe das Schema der politischen Organisation des Reichs bei Keith, 319/20. — Seine Untersuchungen sind erst 1924 erschienen! Besonders bei den Regierungen der Dominien besteht jedoch kein so großes Verlangen nach endgültiger Klarheit: Der von MacDonald am 6. Juni 1924 vorgeschlagene Verfassungsausschuß Ende 1924 wird wieder fallen gelassen. — Siehe MacInnes, 30, Times, 17. Juli, 31. Juli, 20. Aug. 1924.

und ihrem gesunden Menschenverstand. „Wenn eine Sache erst einmal erörtert wird, so ist sie schon besser geworden“ [383]).

Deshalb durfte die Reichskonferenz 1923 ohne Ergebnis bleiben.

* * *

Der Streit der Parteien geht weiter: Aus England und Australien kommt erneut die Forderung nach vorhergehender Beratung als unbedingtem Erfordernis. Bruce betont nach wie vor, theoretisch könne Australien neutral bleiben, praktisch eben nicht; und wenn er auch befriedigt ist, daß in London niemand für Reichskabinette oder -parlamente war, so beharrt er doch auf seiner Forderung gegenseitiger Einflußnahme [384]). Im Mai 1925 sieht er endlich die Möglichkeit von Kabinettsminister-Gesandten in London in greifbare Nähe gerückt, ohne daß er es schon wagt, diesen Schritt eigenmächtig und überstürzt vorzunehmen [385]).

Die „Round Table“ legt weiterhin noch stärkeren Nachdruck auf die Notwendigkeit gemeinsamer auswärtiger und Verteidigungspolitik [386]) und konzentriert alle ihre Anstrengungen auf diesen einen Punkt: „The key to the problem of the Commonwealth is the establishment of a sensible system of diplomatic relations between its own members“ [387]).

Die Gegenseite ist noch tätiger: Aus Südafrika kommt (durch die inneren Verhältnisse weitgehend bedingt, siehe Seite 64) erneut das Smutssche Wort vom „sovereign status“ des Dominions [388]), in Kanada führt das Gefühl von Autonomie und die Abneigung gegen aktiven Anteil an Reichsangelegenheiten sogar dazu, daß King keinen Bericht über die Reichskonferenz erstattet und sein Parlament keinen verlangt [389]).

---

[383]) Round Table 52, 704 — Sept. 1923 mit Bezug auf die Rassenfrage.

[384]) Bruce ausführlich als Berichterstatter über die Konferenz im australischen Parlament, Journal V, 565 ff. — Juli 1924. „Das Imperium ist für alle fremden Nationen eins und unteilbar.“ Und schließlich tritt auch der praktische Gesichtspunkt hinzu: „Würde der Feind unseren Handel mit England schonen, wenn wir uns für neutral erklären?“ Ebendort 569. Vgl. auch, wie Bruce das „Imperial Shipping Committee“ auf der Konferenz 1923 als „erste wahrhafte Reichskörperschaft . . ., die der Reichskonferenz verantwortlich ist . . .“, auslegt. Cmd. 2009, 319.

[385]) Morning Post, 25. Mai 1925, Times, 27. Mai 1925. Gleiche Andeutungen von Bruce auch schon Frühjahr 1924 laut Times, 31. März 1924.

[386]) Round Table 51, 52, 54 — Juni 1923, Sept. 1923, März 1924.

[387]) In „Imperial Diplomacy“, Round Table 56, 666 ff. — Sept. 1924.

[388]) Finanzminister Burton, Journal IV, 776 — Jan. 1924. Siehe auch Anm. 257.

[389]) Round Table 56, 802 — Sept, 1924.

Und schließlich sucht er wieder (in starkem Maß durch Rücksicht auf Quebec dazu gezwungen, s. S. 18)[390] in einem Präzedenzfall die vertretene Auffassung festzulegen: Er weigert sich, den Vertrag von Lausanne (Juli 1923 mit der Türkei) zur Ratifizierung vor das kanadische Parlament zu bringen, da er ohne Hinzuziehung der Dominien entstanden sei (die mit Rücksicht auf Frankreich einer Nichtvertretung zugestimmt hatten)[391] und deshalb gemäß den Beschlüssen der Reichskonferenz 1923 Großbritannien allein beträfe[392]. Diesmal muß er dem englischen Kabinett (Mac Donald) nachgeben und sichert sich als Ersatz die „bindende Zusicherung" in Washington (die bis heute zwar noch nicht eingelöst wurde), daß der amerikanische Senat seinen Vorbehalt zum Hellbuttvertrag wieder aufheben werde[393].

* * *

Doch der kanadische Gesandte in den Vereinigten Staaten ist sieben Jahre nach der Erringung des formellen Rechts noch immer nicht ernannt[394]; die überseeischen Tochternationen ordnen im konkreten Fall ihre weitergehenden Wünsche den gemeinsamen Notwendigkeiten unter, und im Mutterland übergeht man die dort wirkenden Kräfte nicht,

[390]) Diese „nationalistische Geste" sollte ein Bündnis der Quebec-Liberalen mit den Konservativen (um Kings Freihandelstendenzen zu begegnen) hintertreiben. Round Table 55, 576 — Juni 1924, 56, 812 — September 1924.

[391]) Frankreich drohte mit Kolonialdelegationen und die Gefahr einer mohammedanischen Einheitsfront Marokko-Indien tauchte auf. Vagts, 245.

[392]) Telegramm vom 24. März 1924 und Debatte im Parlament 29. Mai 1924. — Die Ratifizierung erfolgt später doch. Journal V, 747 ff. — Okt. 1924.

[393]) Man vergleiche dazu auch die Forderung der materiellen Berechtigung zur Verfassungsänderung, wie King sie bereits am 20. März 1924 betont (Journal V, 333 — April 1924) und im Frühling 1925 noch schärfer ausführt: „Kanada hat das ‚Recht', seine Verfassung zu ändern. Nach dem Buchstaben unterstehen wir den Beschlüssen des englischen Parlaments, — aber nach den Tatsachen (facts) haben wir Recht und Macht, unsere Verfassung zu ändern. Das britische Parlament ist in Praxis nur unser Agent ... Ich persönlich wäre dafür, das englische Parlament von dieser Sache, die ein klarer Teil unserer eigenen Selbstregierung ist, zu befreien.... Aber ich sehe darin nicht mehr als eine theoretische Begrenzung.... Wir und das alte Land (England) wissen, daß die Lage so ist, wie ich sie eben schilderte." Meighen stimmt zu, hält aber das formelle Recht des englischen Parlaments (und den Privy Council) für nötig, um die Reinseinheit zu gewährleisten. „Wir sind weit genug gegangen." Journal VI, 347 ff. — April 1925.

[394]) Irland erhielt mit der Anerkennung als Dominion (1923) die gleichen Rechte wie Kanada, und ernannte sofort den Gesandten in Washington! Round Table 57, 158 — Dez 1924. Kanada folgte dem Präzedenzfall nicht, trotz Befürchtung der Round Table 46, 396 f. — März 1922.

wenngleich das Vereinigte Königreich auch fernerhin noch die Hauptlast der hohen Politik trägt[395]).

Auf der Alliierten-Konferenz im Herbst 1924 ersteht die „British Empire Delegation“ der Versailler Zeit neu[396]), England sitzt mit den großen Dominien und Indien wieder am „runden Tisch“, und die Einheit des Reichs behauptet sich allem scheinbaren Vordringen der autonomen Tendenzen zum Trotz!

[395]) Round Table 51, 485 ff. — Juni 1923.
[396]) Juli 1924. Round Table 56, 649 ff. — Sept. 1924.

„An undissoluble allegiance of free people."

Der Reichswille.

„Das Reich besteht, — und es besteht, weil es sich bezahlt macht." [397]) Doch nicht mehr sind die Wirtschaftsvorteile ausschlaggebend, um Einhalt und Zusammenhalt zu gewährleisten. Zwar binden die starken Handels- und Kapitalverflechtungen die Teile des Imperiums weiterhin aneinander, zwar helfen die gegenseitigen Vergünstigunen, die Beziehungen zu festigen, doch immer mehr weist das Eigeninteresse der Dominien vom Mutterlande weg und tritt zuweilen mit den Wirtschaftskräften Großbritanniens in Gegensatz.

Nur in Australien unterstützen die Wirtschaftsvorteile noch in nennenswertem Umfang die Reichstreue, doch es besteht kaum mehr eine notwendige Verbindung zwischen dem Imperium als Einheit und den Wirtschaftsbeziehungen seiner Glieder.

Der politische Vorteil macht Kanada, Australien, Südafrika reichstreu. Die nationale Selbstbehauptung des nordamerikanischen Dominions, die Verteidigung des pazifischen Commonwealth, selbst die Einheit und Ausdehnung der südafrikanischen Union beruhen auf der Macht des Reiches.

Auch hier bestimmt der nüchterne, nützliche Egoismus die Maßnahmen und Bestrebungen der Dominien, auch hier finden sie in den Ideen von Freiheit und Selbstregierung, von Friede, Demokratie, Zivilisation die Grundlagen, die ihnen die Erreichung ihrer Ziele und Absichten möglich machen.

Doch Eigennutz und Freiheit, auf deren „selbstverständlicher" Richtigkeit und Brauchbarkeit die englische Kultur zu beruhen scheint, deren Werbekraft weit über den

[397]) „The British Empire grew, and still exists, because it pays." MacInnes, 7.

Kreis der Angelsachsen hinausgeht, — sie sind nur die spezifisch englische Form, um die Beziehungen zueinander zu regeln. Der Sinn für das Vernünftige und Wirkliche, der „gesunde Menschenverstand“ ist ihre Voraussetzung, — und Wille und Kraft, sich durchzusetzen[398])!

Mögen die Dominien im Innern die größtmöglichen Vorteile zu erreichen trachten, das ist ihr gutes Recht, und dieser „Nationalismus“ gefährdet das Reich nicht[399]). Auch die „Junior-Partner“ wissen, daß das notwendige Ergebnis von Erfolgstreben und Sachlichkeit ein Ausgleich der Interessen sein muß, daß nur der Zusammenhalt der Glieder die Macht des Imperiums verbürgt, — und auch sie brauchen und wollen diese Macht[400])!

Doch in ihr sehen die Engländer Kanadas, Australiens, Südafrikas nicht nur die Grundlage der realen Vorteile, sondern sie ist ihnen darüber hinaus die Vorbedingung für die Aufgaben des Angelsachsentums und seine notwendige Überlegenheit allen anderen Völkern gegenüber[401]).

Auf Rasse und Tradition, auf die Einheitlichkeit des Handelns und Denkens[402]) und die geistigen Beziehungen der Reichsteile[403]) aufbauend, lebt dieses unbewußte Wissen

---

[398]) Vgl. hierzu Lloyd George: Drei Grade des Ruins gibt es für Großbritannien: Schutzzoll, Rüstungen und Krieg. Motto zu: Plaut. Zu der Unmöglichkeit, diese Ideen einer starken Burenminderheit aufzuzwingen, siehe Round Table 35, 629 — Juni 1919.

[399]) „Freedom is the cement of Imperial Unity“ usw. ausführlich Hall, 196.

[400]) „Von dem ungeheuren politischen Willen Englands, der sein ganzes staatliches und kulturelles Leben durchzieht, wußten wir kaum etwas.“ Dibelius, XI. Der Wille zur Macht aus englischer Leidenschaftlichkeit abgeleitet, z. B. bei Dibelius, 185.

[401]) Zur Überwindung des „Nationalismus durch diese englischen Ideen ausführlich MacInnes: „Indepedence after all is in itself a purely negative conception and cannot therefore be a satisfactory goal for any nation.“ (35) (The Dominions) „must help to bear the burden of civilisation“ (33) and „it is upon the fortunes of the British Empire that civilisation depends. It is one of the last great barriers separating the world from chaos.“ (4).

[402]) „Das ursprünglich höfische Ideal des Gentleman ist . . . zu dem einen ethischen Ideal für alle Stände des Volkes geworden.“ Dibelius, 185.

[403]) „Solange der junge Kanadier in seinen Lehr- und Wanderjahren die hohe Kultur des Mutterlandes in sich aufnimmt, solange der junge Australier und Afrikander in Oxford und Cambridge studiert, wird Großbritannien verhältnismäßig leicht seine Stellung als Zentrum des Imperiums behaupten können . . . Hierdurch vor allem wird ein Reichsgefühl (Imperial Sense) geschaffen, das einen bedeutenden Faktor für die Erhaltung des Imperiums darstellt und nicht zum wenigsten in der Erkenntnis der von Größe und Macht des Weltreiches seine Wurzeln hat.“ Plaut, 97.

von der Größe des Imperiums, das nur in wenigen zum Willen wird, dennoch in allen über die Änderungen der äußeren Formen, der Beziehungen und Verflechtungen hinweg als Wille zur Macht, als Wille zum Reich[404]).

---

[404]) „Eine Analogie zwischen dem das Commonwealth garantierenden Empiregefühl ... und dem Rechtsgefühl ... drängt sich auf. Von beiden Gefühlen, über deren Realität kein Zweifel bestehen kann, ist jener „imperial sense" vielleicht das realere, das sich die Lebensform fast schon erzwungen hat, der die Staatstheorie noch nicht hat folgen können — um so schlimmer für die Theorie." Vagts, 253. Ob diese macht- und kulturpolitischen Kräfte auch ohne den Druck von außen stark genug wären, das kann unentschieden bleiben.

Nachtrag.

Januar 1927.

Die Zeitspanne vom Frühling 1925 bis zum Herbst des nächsten Jahres bringt in der Stellung der selbstregierenden Glieder des Reichs zueinander kaum Änderungen. Doch die Ruhe führt um so gewisser zur Festigung und zum Ausbau des erreichten Zustandes, begünstigt durch die in allen Einzelereignissen sich erweisende Stetigkeit der inneren und äußeren Verhältnisse.

In Großbritannien erfährt die vielbeschrieene „Schutzzollpolitik“ keine nennenswerte Erweiterung; die zur Förderung des Reichshandels bereitgestellten 1 Mill. £ werden überwiegend zu Propagandazwecken verwendet, und im übrigen läuft die gesamte Handels-, Wirtschafts- und Siedlungspolitik, soweit sie die Dominien betrifft, im vorgezeichneten Gleise weiter.

Die hinreichend geklärte Stellung der überseeischen Reichsteile führt (in Ausführung der Beschlüsse der Reichskonferenz von 1923) zur Errichtung eines gesonderten Staatssekretariats für Dominien-Angelegenheiten und eines Dominien-Amtes [405]), deren Aufgaben und verfassungspolitische Bedeutung Australien durch die Entsendung eines besonderen Verbindungsbeamten zu unterstützen sucht, indessen in Kanada die Bestellung eines „Verhandlungsministers“ für Washington weiterhin akademisch erörtert wird [406]).

Nur am Präzedenzfall des Verhaltens von Lord Byng of Vimy, dem kanadischen Generalgouverneur, entzündet sich eine lebhafte Debatte: Infolge umfangreicher Mißwirtschaft in der Zollverwaltung war die liberale Regierung am 25. Juni 1926 gestürzt worden, worauf King bei den ungeklärten Mehrheitsverhältnissen [407]) die Auflösung des Par-

[405]) Journal VI, 674 ff. — Okt. 1925.

[406]) King, 2. Juni 1925. — Journal VI, 728 — Okt. 1925.

[407]) In der ordnungsmäßigen Neuwahl vom 29. Okt. 1925 hatte King, begünstigt durch den Übergang des Premiers von Saskatchewan, Dunning, zu den Liberalen, die Farmer im Westen schwächen können, auch gelang ihm die Verteidigung der Provinz Quebec, aber sowohl die Sitze Ontarios wie die Stimmen der unzufriedenen, sich vernachlässigt glaubenden Seeprovinzen gingen an die Konservativen verloren. (Vgl. Anm. 46 und Journal VI, 747 ff. — Okt. 1925).

laments forderte. Doch der Generalgouverneur verweigerte die verfassungsrechtlich notwendige Genehmigung, so daß King nichts übrig blieb als zurückzutreten. Sein Nachfolger Meighen jedoch, auf die unzuverlässige Unterstützung einiger Farmer angewiesen, erbat und erhielt schon am 2. Juli 1926 das Auflösungsdekret, sodaß den Konservativen die Regierungsmaschine während der Neuwahlen zur Verfügung stand.

Diese Überschreitung der gewohnheitsrechtlichen Kompetenzen wird nicht nur in Kanada zum Wahlgeschrei, sondern findet auch in allen anderen Teilen des Reichs einschließlich des Mutterlandes ganz überwiegend Verurteilung. So zeichnet sich auch hierin die Anerkennung des de facto erreichten staatsrechtlichen Zustandes ab. (Vgl. S. 85 ff. und Reichskonferenz von 1926, S. 99.)

Die Neuwahl (14. Sept. 1926) ergibt dann eine glatte Mehrheit der Liberalen, die 119 Sitze außer 11 Vereinigten Liberal-Progressiven[408]) gegen 91 der Konservativen, 19 der Farmer erringen. King bildet erneut die Regierung unter starker Bevorzugung der Farmerelemente, von denen z. B. Forke und Dunning wichtige Kabinettsposten erhalten[409]); die politische Lage bleibt stabil.

Noch weniger Veränderung erfahren Kurs und Zusammensetzung der Regierung in Australien, obwohl auch hier kurz vor dem natürlichen Ende des Abgeordnetenhauses seine Auflösung ausgesprochen wird. (14. Nov. 25.) Der Wahlzwang und das Versagen der Arbeiterpartei gegenüber dem Seemannsstreik und der kommunistischen Agitation verschaffen den Nationalisten einen ganz unerwartet großen Sieg — sie erringen die absolute Mehrheit — doch Bruce behält die paritätische Zusammenarbeit mit den Farmern trotzdem bei und baut gemeinsam mit Page die bisherige Wirtschaftspolitik weiter aus.

Dabei hält das Commonwealth in Siedlungs- und Anleihefragen trotz des Mißerfolgs mit dem Referendum (5. Sept. 26) die Führung gegenüber den — meist sozialistischen — Staaten — wenn auch unter vielfachen Reibungen — aufrecht[410]). Bei der Einwanderung erwünschter Elemente wird

[408]) Ein geschickter und erfolgreicher Schachzug Kings in den Prärieprovinzen.

[409]) Eine Neugruppierung, die schon im Frühjahr 1926 vorbereitet wurde.

[410]) Vgl. Wirtschaftsdienst, 22. Okt. 1926. — Nur Neu-Süd-Wales, der radikalste Einzelstaat, sucht hier und in Fragen der verfassungsmäßigen Stellung der Gouverneure erfolglos unabhängige Politik zu treiben. Vgl. Round Table 64, Sept. 1926, 841 ff. und Wirtschaftsdienst 15. und 22. Okt. 1926.

— wie in Kanada — die Zusammenarbeit mit dem Mutterland weiterhin gepflegt[411]); — in Schiffahrtsfragen dagegen bleibt in beiden Dominien durch die Staatsflotten der bisherige Gegensatz zu den interessierten Kreisen Großbritanniens ebenso unverändert bestehen[412]).

Nur in Südafrika scheint die Konsolidierung der Übereinstimmungen und Gegensätze nicht ganz zu gelingen. Zwar vermeiden Regierung und Opposition in allen nationalafrikanischen Fragen möglichst jede Überspannung der Stellungnahme, sodaß das zukünftige Aufgehen des deutsch-südwestafrikanischen Mandatgebiets in die Union als Selbstverständlichkeit angesehen wird, wo nur die Wege der besten Politik noch strittig sind[413]), die heikle Flaggenfrage, das Eingeborenenwahlrecht und die „segregation"", kaum angerührt, schon wieder vertagt werden[414]) und ein Colour-Bar-Gesetz erst im Sommer 1926 endlich durchgeht, nicht ohne das Land noch zu erregen[415]).

Aber Hertzogs Asiatenpolitik, die sich, nur verschärft, in Smutsschen Bahnen bewegt (vgl. Anm. 378), ruft energische Proteste der englischen Indien-Regierung hervor, sodaß z. B. die Round Table ganz offen von einer Krise der Beziehungen spricht, bis schließlich am 23. April 26 eine Formel vereinbart wird[416]), in der Indien die Wahrung des europäischen Lebensstandards und die Handlungsfreiheit der südafrikanischen Regierung als Richtlinien anerkennt, wofür Hertzog eine Konferenz und die Zurückstellung seiner „Areas Reservation and Immigration (Further Provision) Bill" bis zum Abschluß der Besprechungen zubilligt[417]).

Schon schien sich jedoch ein neuer Konflikt vorzubereiten. Vor der Universität Stellenbosch entwickelte der Premier am 15. Mai 1926 programmatisch seine Stellungnahme zum Verfassungsproblem des Reiches, und überall in Großbritannien und den Dominien glaubte man die Ankündigung eines Angriffs auf der kommenden Reichskonferenz herauslesen zu können:

---

[411]) Journal VI, 747, 805.

[412]) Vgl. Wirtschaftsdienst, 4. Juni 1926.

[413]) Journal VI, 871 ff. — Okt. 1925.

[414]) Journal VI, 878 f.; Round Table 62, 407 ff. — März 1926; Round Table 64, 857 ff. — Sept. 1926; Times, 23. Jan. 1926.

[415]) Round Table 62, 407 ff. — März 1926. — Wirtschaftsdienst, 9. Juli 1926. — Die Förderung des Landes durch Unterstützung der Landwirtschaft nach australischem Muster sowie die Einführung erweiterter Schutzzölle siehe Round Table 62 u. 64 und Wirtschaftsdienst, 9. Juli 1926.

[416]) Wohl hauptsächlich im Hinblick auf die nahende Reichskonferenz und die dafür nötige „friedliche Atmosphäre".

[417]) Vgl. Round Table 63, 633 ff. — Juni 1926, und Europäische Gespräche, Mai 1926, 266 f.

„Mir ist es klar, daß der feste und vernünftige Kurs, den unsere Staatsmänner (1919 und in der Folgezeit) hätten verfolgen sollen, hätte gerichtet sein müssen auf die Anerkennung eines persönlichen Bindegliedes mit Großbritannien durch einen gemeinsamen König, ohne sonstige rechtliche Bindungen. . . . Das Äußerste, wozu (die Führer jedoch) schreiten wollten, kam auf ein Kompromiß . (zwischen Unabhängigkeit und Subordination) hinaus."

„Das Hauptziel war ein doppeltes gewesen:

1. Anerkennung der Dominien als unabhängige internationale Staaten,
2. Sicherung des Fortbestands des Reichs durch vereintes Vorgehen in der auswärtigen Politik.

Sind diese Ziele erreicht? Ich glaube, es ist nicht zuviel gesagt, wenn man behauptet, daß auf dem neuen Wege weiter nichts als eine weitere Verdunkelung des Status der Dominien und eine Gefährdung jeder wünschenswerten Zusammenarbeit der Dominien mit Großbritannien erzielt worden ist."

„Den überzeugendsten Beweis hierfür finden wir in dem kürzlich abgeschlossenen Locarno-Vertrag. . . . Hierdurch . . sind wir glücklicherweise zur Anerkennung der Dominien als internationaler Staaten zurückgekehrt. . . . Die Furcht, die uns vom Betreten dieses Weges der Unabhängigkeit zurückhielt, war unnötig. . In gleichem Maße, wie sich die Dominien mehr und mehr ihre internationalen Verpflichtungen, Verantwortlichkeiten und Gefahren klar machen, wird auch das Gefühl für die Notwendigkeit engerer und herzlicherer Zusammenarbeit zwischen den Dominien und Großbritannien wachsen und sich in die Tat umsetzen."

Jedoch muß die Doktrin von der Unabhängigkeit der Dominien „der Außenwelt in aller Form mitgeteilt werden[418])!"

Mehrfach wiederholt Hertzog diese Gedankengänge in der Folgezeit und betont sie als sein Programm für die Reichskonferenz[419]). Wie weit gehen seine wirklichen Forderungen, und wie werden sich die anderen Führer des Britischen Imperiums ihnen gegenüber verhalten[420])?

* * *

418) Europäische Gespräche, Sept. 1926, 507 ff.

419) Wirtschaftsdienst, 15. Okt. 1926.

420) Vgl. dazu u. a. die allgemeine Stellungnahme der Round Table 62, März 1926 und 64 — Sept. 1926, wo die alten Gedankengänge und der Schwebezustand verfochten werden.

Die sechste Reichskonferenz, vom Premier Baldwin selbst geleitet, verhandelt in London vom 19. Oktober bis 23. November 1926 vertraulich. Ein Verfassungsausschuß bildet ihr Kernstück, doch die Zweifler überwiegen, die trotz aller inhaltlichen Annäherungen der Meinungen und Zustände, trotz aller Bemühungen und Forderungen eine abermalige Vertagung der entscheidenden Punkte voraussagen.

Um so mehr überrascht der Ausschußbericht alle Beobachter, denn er enthält — wenn auch nicht in der Form, so doch dem Inhalt nach — eine Verfassung für das Reich[421])! Dabei stellt er zugleich eine solche „Lösung" des staatsrechtlichen Aufbaus in echt englischer Art dar, daß sie ebenso annehmbar für Südafrika und Kanada wie für Australien und sogar für das Mutterland ist!

Die Dominien „sind autonome Staatsgebilde innerhalb des Britischen Reiches, gleich in ihrem Status, in keiner Weise das eine einem anderen untergeordnet, sei es in ihren inneren oder äußeren Angelegenheiten, wenngleich vereinigt durch gemeinsame Untertanenpflicht gegenüber der Krone, und frei miteinander verbunden als Mitglieder des Britischen Gemeinwesens von Nationen."

Daraus folgt auch die Auflösung der meisten Streitpunkte: „Unserer Meinung nach ist es eine wesentliche Folge aus der Gleichheit des Status unter den Mitgliedern des Britischen Gemeinwesens von Nationen, daß der Generalgouverneur eines Dominions der Vertreter der Krone ist, der .... im Dominion dieselbe Stellung einnimmt, wie sie Seine Majestät der König in Großbritannien innehat, und daß er nicht der Vertreter oder Agent der Großbritannischen Regierung Seiner Majestät oder eines Ministeriums dieser Regierung ist."

„Daraus schien uns zu folgen, daß die Praxis, kraft welcher der Generalgouverneur eines Dominions der offizielle Vermittler des Gedankenaustausches zwischen der Großbritannischen ..... und den Dominien-Regierungen ist, nicht mehr als völlig mit der verfassungsmäßigen Stellung des Generalgouverneurs übereinstimmend angesehen werden kann. Wir waren der Meinung, daß der Austausch von Mitteilungen in Zukunft auch offiziell und förmlich unmittelbar zwischen Regierung und Regierung stattfinden solle .... für jedes Dominion, welches den Wunsch danach hätte ...."

---

[421]) Siehe die Übersetzung in Europäische Gespräche, Januar 1927, 47 ff. nach dem Wortlaut in Cmd. 2768 — Imperial Conference 1926, Summary of Proceedings.

„Es ist anerkannt, daß die Regierung jedes Dominions das ausschließliche Recht hat, der Krone in allen Angelegenheiten, die das Dominion selbst betreffen, Rat zu erteilen.“

Und wie in allen diesen Formulierungen zu den inneren Beziehungen eigentlich nichts Neues steht, verglichen mit der Praxis der verflossenen Jahre, so wird auch die Stellung zu auswärtigen Mächten „nur“ gemäß den bewährten Grundsätzen von 1923 erneut prinzipiell festgelegt und vervollständigt.

„Wenn eine Regierung von der Absicht einer anderen Regierung, Verhandlungen zu führen, unterrichtet worden ist, so ist es ihre Pflicht, unverzüglich ihre Haltung zum Ausdruck zu bringen.“ Schweigen gilt als Zustimmung. Jede Regierung „muß jedoch, bevor sie irgendwelche Schritte unternimmt, welche die anderen Regierungen in irgendwelche aktive Verpflichtungen einbeziehen könnten, deren ausdrückliche Zustimmung einholen. . . Wo es wegen der Art des Vertrages wünschenswert ist, daß er seitens aller Regierungen des Reiches ratifiziert wird, darf die Regierung, von der die Verhandlungen ausgehen, annehmen, daß eine (andere) Regierung, welche volle Gelegenheit gehabt hat, ihre Haltung zum Ausdruck zu bringen, und keinen gegenteiligen Bescheid gegeben hat, mit der Ratifizierung des Vertrages einverstanden ist. Falls eine Regierung es vorzieht, der Ratifizierung eines Vertrages nur dann zuzustimmen, wenn er von ihrem Bevollmächtigten unterzeichnet ist, so wird sie zu diesem Zweck einen Bevollmächtigten zur Ernennung vorschlagen.“

„Konferenzen politischen Charakters, die von einer fremden Regierung einberufen werden, sind auf Grund der besonderen Umstände jedes Einzelfalls zu betrachten.“ Dabei sind drei Methoden möglich: Gemeinsame(r) Bevollmächtigte(r) — eine einzige britische Reichsdelegation — Einzeldelegationen.

Nur der Rahmen ist gespannt; alle konkreten Möglichkeiten bleiben weiterhin frei! Und der Bericht läßt die anerkannte Kräfteverteilung des Augenblicks auch noch besonders sichtbar werden: „Es wurde freimütig anerkannt, daß in dieser Sphäre (der auswärtigen Angelegenheiten) wie in jener der Verteidigung der Hauptteil der Verantwortung gegenwärtig bei der Großbritannischen Regierung Seiner Majestät liegt und für einige Zeit auch noch weiter liegen muß [422])“.

[422]) Der Ausdruck „British Empire“, der eine Subordinierung der Dominien vermuten ließ (vgl. Anm. 341), wird fallen gelassen und statt

Zugleich wird der diplomatische Vertreter Kanadas in den Vereinigten Staaten von Amerika gebilligt[423]), aber „in anderen Fällen als denen, wo Minister eines Dominions bereits bei auswärtigen Staatshäuptern akkreditiert sind, hielten wir es übereinstimmend für sehr wünschenswert, daß für den Verkehr zwischen den Regierungen der Dominien und auswärtigen Regierungen in Angelegenheiten von allgemeinem politischem Belang die bestehenden diplomatischen Kanäle weiter benutzt würden".

In der Tatsache der Formulierungen liegt die positive Hauptbedeutung der Konferenz von 1926. Was die Praxis der vergangenen Jahre schon immer mehr bewältigt hatte, das ist in diesen grundlegenden Sätzen früher als vermutet vorsichtig und bestimmt umschrieben. Nicht der extrem englisch-konservative, nicht der extreme Burenstandpunkt ist durchgedrungen, und doch erfüllt der Widerhall im Reich und darüber hinaus die Erwartungen: „Es ist alles erreicht, und jeder Grund zu weiterem Zweifel und Argwohn hinsichtlich des nationalen Status Südafrikas beseitigt", erklären Hertzog und die Nationalisten, indes die Südafrikanische Partei nichts Neues in den Abmachungen sieht; 1923 und früher habe man schon auf dem nämlichen Boden gestanden. Und in den anderen Teilen des Imperiums erkennt man ähnlich die Richtlinien als zweite „magna charta" an, geeignet, eine unzweckmäßige Fortführung aller Erörterungen zu unterbinden, die akademisch zu werden drohten.

Die indische Frage jedoch hat die Konferenz mit vollem Bewußtsein übergangen; der Ausbau der inneren diplomatischen Beziehungen ist in seinem vielleicht wichtigsten Punkte vertagt[424]), und der zukünftigen materiellen

---

dessen „im Namen des Königs als Symbol der besonderen Beziehung zwischen den verschiedenen Teilen des Reichs" diese jetzt nacheinander aufgezählt, wobei zu Großbritannien und Nordirland alle Reichsteile gehören, „welche nicht selbständige Mitglieder des Völkerbundes sind".

[423]) Der erste kanadische Gesandte in Washington wird am 12. Nov. 1926 ernannt! — Wirtschaftsdienst, 19. Nov. 1926; der australische Commissioner in Washington erhält ebenfalls den Titel eines Gesandten! — British Australian and New Zealander, 25. Nov. 1926.

[424]) „Die Ausarbeitung eines solchen neuen Systems (persönlichen Kontaktes) ist Sache der Beratung und Regelung zwischen den Regierungen Seiner Majestät in Großbritannien und den Dominien, unter gebührender Berücksichtigung der besonderen Verhältnisse jedes einzelnen Teils des Reichs; dabei wird vorausgesetzt, daß jede Neuordnung das System des direkten Verkehrs ... nur ergänzen, nicht aber ersetzen soll."

[425]) An Wichtigem neu festgelegt wurde nur: Das Imperial Economic Committee wird zur ständigen Einrichtung; auf Vorschlag von Bruce sind ständige Untersuchungen und Veröffentlichungen über Erzeugung

Machtgestaltung ist freier Raum gelassen, wie er auf wirtschaftlichem Gebiet schon bisher unbestritten war[425]).

Entscheidend aber bleibt: Die Neuordnung des Britischen Imperiums befindet sich nicht mehr im Stadium des Werdens, sondern hat eine Konsolidierung soweit erreicht, daß die Umrisse des neuen politischen Zustandes in großen Zügen festgelegt werden konnten. Die „Einheit freier Völker" hat ihre sichtbare Bestätigung gefunden.

---

und Nachfrage innerhalb des Reichs vorgesehen; die dauernde Aufrechterhaltung des Imperial Shipping Committee ist gefordert.

Preference und Überlassung des Hauptteils der hohen Politik an England dürfen wohl weiterhin als Gegengabe für die Übernahme fast der vollen Rüstungslast und Gewährung von Geld- und Kapitalmarktvorteilen vermutet werden.

Quellen und Belege.

Allgemeines.

Journal of the Parliaments of the Empire I. Januar 1920 — VI. Juli 1925. (Parlamentsdebatten und Gesetze Englands und der Dominien im Auszug.)

Parliamentary Papers (Englische Blaubücher):

Cd. 8566 — Reichskriegskonferenz 1917.
Cd. 9177 — Reichskriegskonferenz 1918.
Cmd. 1474 — Reichskonferenz 1921.
Cmd. 1987 — Reichskonferenz 1923.
Cmd. 1988 — Reichskonferenz 1923, Anlagen.
Cmd. 2009 — Reichswirtschaftskonferenz 1923.

* * *

Curtis, Lionel: The problem of the Commonwealth — London 1916.

Dibelius, Wilhelm: England, Bd. I und II — Berlin und Leipzig 1923.

Keith, A. B.: The constitution, administration and laws of the Empire — Oxford 1924.

Klüver, L.: Die englische Zollpolitik nach dem Kriege — Hamburger Dissertation 1924.

Knowles, L. C. A.: The economic development of the British Overseas Empire — London 1924.

Lewin: The resources of the Empire and their development — London 1924.

MacInnes, C. M.: The British Commonwealth and its unsolved problems — London 1925.

Marcks, Erich: Entwicklung und Hauptziele der britischen Reichspolitik — Berlin 1921.

Plaut, Th.: Probleme englischer Handelspolitik — Schr. d. V. f. S.-P. 171 II—1925.

Porritt, E.: The fiscal and diplomatic freedom of the British Oversea Dominions — Oxford 1922.

Robinson, R.: The development of the British Empire — Boston 1922.

The Round Table: A quarterly review of the politics of the British Empire. (London). Vol. 29, Dez. 1917 — 59, Juni 1925.

* * *

Board of Trade Journal (London).
Commerce Reports (Washington).
Economist.
Empire Review.
Financial News.
Manchester Guardian.
Times.
Wirtschaftsdienst (Hamburg).

Kanada.

Canada Year Book 1922/23 bzw. 1924 — Ottawa 1924 bzw. 25.
Fleck, A.: Kanada — Kiel 1918.
Hamilton, L.: Canada — Gotha 1921.
Hammann, H.: England und Kanada — Berlin 1921.
Hinst, B.: Die Zollpolitik der Vereinigten Staaten von Amerika in der Nachkriegszeit — Hamburger Dissertation 1924.
Vagts, A.: Kanada in seinen auswärtigen Angelegenheiten — in: Europäische Gespräche (Hamburg), Mai 1925.
Who's who in Canada — Ed. by B. M. Greene — Toronto 1924.

* * *

Canada and West India Magazine (Montreal).
Commercial and Financial Chronicle (New York)
Financial Post of Canada (Toronto).
France-Amérique (Paris).
Journal of Commerce (Montreal).
Journal of Commerce (New York).

Australien.

Hassert, Kurt: Australien und Neuseeland — Gotha 1924.
Hughes, W. M.: The day and after (Kriegsreden) — London 1917.
Kreuzkam: Wirtschaftsverhältnisse des Commonwealth of Australia — Conrads Jahrb. 3. F. 40.
Manes, A.: Australische Politik vor und in dem Weltkrieg — Dresden 1916.
Manes, A.: Australien nach dem Kriege — in: Deutsche Politik, 23. Januar 1920.
Schachner, R.: Australien und Neuseeland — Leipzig 1912.
Who's who in the Commonwealth of Australia — Sidney 1922.

Official Yearbook of the Commonwealth of Australia 1923 — Melbourne 1924.

* * *

Australian and New Zealand Trade Journal (London).
British Australien and New Zealander (London).

Südafrika.

Blumhagen, H.: Südafrika — Hamburg 1921.
Gregory, J. W.: The menace of colour — London 1925.
Harrison, C. W.: The Trade, industries, products and resources of British South Africa and adjacent territories, 1922/23 und 1924 — London 1924 und 1925.
Nathan, M.: The South African Commonwealth — Johannesburg und Kapstadt 1919.
Official Year Book of the Union of South Africa 1923 — Pretoria 1924. Sowie amtlicher Auszug: Some useful statistics 1924.
Seitz, Th.: England und Südafrika — Berlin 1921.

South African who's who — Ed. by Donaldson, 1923/24.

* * *

African World (London).
Cape Times (Kapstadt).
Ons Land (Kapstadt).
Star (Johannesburg).

Verfassungspolitik.

Ewart: Kingdom papers, Vol. I and II — Toronto 1912 und 1917.
Hall, Duncan: The British Commonwealth of nations — London 1920.
Keith, A. B.: Imperial unity and the dominions — Oxford 1916.

Gelegentliche Quellen.

Berliner Tageblatt.
Bulletin Economique et Financier du Semaphore (Marseille).
Common Sense (London).
Deutsche Allgemeine Zeitung (Berlin).
Deutsche Kolonialzeitung (Berlin).
Frankfurter Zeitung.
Hamburger Fremdenblatt.
Hamburger Nachrichten.
Industrie- und Handelszeitung (Berlin).
Journée Industrielle (Paris).
Kelly's Monthly Trade Review (London).
Le Dépêche Coloniale (Paris).
Landes-Zeitung für Südwestafrika (Windhuk).
Le Correspondant (Paris).
Le Temps (Paris).
Morning Post (London).
Neue Zürcher Zeitung.
New York Evening Post.
New York Times.
The New Statesman (London).
The Spectator (London).
Statesman's Yearbook — London.
Weltwirtschaftliches Archiv (Kiel).
Weltwirtschaftliche Nachrichten (Kiel).
Weser-Zeitung (Bremen).

Eine beträchtliche Anzahl amtlicher und halbamtlicher Flugschriften aus Wembley.

Ein mehrmonatlicher Aufenthalt in London, Kollege an der „London School of Economics" und ausführliche, anregende Besprechungen mit Herrn Prof. Baker-London und Herrn Prof. Plaut-Hamburg traten ergänzend hinzu.

Ein Teil des Materials wurde aus den Sammlungen des Hamburgischen Weltwirtschaftsarchivs entnommen.

Das Überwiegen von „Journal of the Parliaments", Blaubüchern, Round Table und Times unter den Nachweisen erklärt sich hauptsächlich daraus, daß andere Quellen und Belege nur beibehalten wurden, soweit sie selbständige oder abweichende Angaben enthielten.

Neues Schrifttum.

Aus der Reihe der Neuerscheinungen sind für die verschiedenen **Einzelgebiete** besonders zu nennen:

Hinst, Bernhard: Die britischen Vorzugszölle — in: Hamburg. Übersee-Jahrbuch 1926.

Heyer, F.: Die britischen Schutzzölle Anfang 1926 — in: Weltwirtschaftl. Archiv 1926, S. 413ff.

Röpke, Gerhard: Die Vorzugszölle im Britischen Reich nach Entwicklung, gegenwärtigem Stand und Bedeutung — Hambg. ungedruckte Diss. 1926.

Leubuscher, Charlotte: Ziele und Mittel der Handelspolitik in den britischen Dominions — in: Schriften des Vereins f. Soz.-Pol., Bd. 171.

Leubuscher, Charlotte: Die britische Reichssiedlungs- und Wanderungspolitik — Weltwirtschaftl. Archiv, Bd. 22, H. 1 — 1925.

In allen diesen Schriften werden auf Grund umfassender quellenmäßiger Belege die Wege, Absichten und Erfolge der beteiligten Staaten und Regierungen (wenngleich zuweilen aus einseitigem Blickwinkel) untersucht. Das Gesamtproblem des Reiches wird dabei naturgemäß nur vorsichtig umschrieben oder bewußt von der Betrachtung ausgeschlossen.

Diese Arbeiten finden Ergänzung durch die Berichte in den neuen Heften der „Round Table" und des „Journal of the Parliaments of the Empire" sowie eine Anzahl von Artikeln im Wirtschaftsdienst, den „Europäischen Gesprächen", Hamburg, und anderen Zeitschriften und Zeitungen.

Schließlich ist hierzu noch hinzuweisen auf die ebenso knappe wie zuverlässige Übersicht über alle wichtigen Fragen des ältesten Dominions in:

Kempff, Ludwig: Kanada und seine Probleme — Leipzig 1926,

sowie auf die Ausführungen von:

Tuckermann, W.: Die Neuindustrialisierung der Erde — in: Schriften des Vereins f. Soz.-Pol., Bd. 171.

Die wichtigsten Neuerscheinungen zur Frage des Gesamtproblems dürften aber sein:

Demangeon, Albert: Das Britische Weltreich. Eine kolonial-geographische Studie, — Deutsch von Paul Fohr, Berlin 1926.

Jebb, Richard: The Empire in Eclipse — London 1926.

Obst, Erich: England, Europa und die Welt '— Berlin 1927.

Zimmern, Alfred: The Third British Empire — London 1926.

Von diesen Autoren vertreten Jebb und Obst in aller Strenge den alten extremen Standpunkt, daß den Wirtschaftsbeziehungen die entscheidende Bedeutung für den Zusammenhalt des Reiches zukomme, indessen Zimmern der typische Vertreter der neuen Ideologie des „Commonwealth" ist. Er zeigt die Mängel der juristischen Konstruktion, setzt ihrer Unwesentlichkeit die gemeinsamen Ideale aller britischen Reichsbürger entgegen und glaubt an die Gefahrlosigkeit des beginnenden Nationalbewußtseins der Dominien. Demangeon schließlich sucht als sachlicher Beobachter die einzelnen Faktoren ihrer Stärke entsprechend herauszuarbeiten, wobei er aber neben der geistigen Einheit dem im common sense verankerten nüchternen Machtinstinkt der Angelsachsen kaum wesentliche Bedeutung zumißt, sondern die Bedrohungen von außen und die Unmöglichkeit für die großen Dominien, sich selber zu schützen, schließlich in den Mittelpunkt rückt.

FSC
www.fsc.org
MIX
Papier | Fördert gute Waldnutzung
FSC® C083411

Kolibri 360 GmbH
Ferdinand-Jühlke-Straße 7
99095 Erfurt, Deutschland
produktsicherheit@kolibri360.de